城市社区居民健身服务体系构建研究

张善斌　廖艳萍　著

吉林人民出版社

图书在版编目（CIP）数据

城市社区居民健身服务体系构建研究 / 张善斌，廖艳萍著. --长春：吉林人民出版社，2024.10.
ISBN 978-7-206-21551-3

Ⅰ．G812.4

中国国家版本馆CIP数据核字第2024MY8065号

城市社区居民健身服务体系构建研究
CHENGSHI SHEQU JUMIN JIANSHEN FUWU TIXI GOUJIAN YANJIU

著　　者：张善斌　廖艳萍
责任编辑：衣　兵
出版发行：吉林人民出版社（长春市人民大街7548号　邮政编码：130022）
印　　刷：唐山才智印刷有限公司
开　　本：787mm×1092mm　1/16
印　　张：7.25　　　　　　　　字　　数：104千字
标准书号：ISBN 978-7-206-21551-3
版　　次：2024年10月第1版　印　　次：2024年10月第1次印刷
定　　价：68.00元

如发现印装质量问题，影响阅读，请与出版社联系调换。

前言

在现代社会快速发展的进程中,城市居民的健康意识日益觉醒,健身需求呈现出持续增长的态势。城市社区作为居民生活的基本单元,成为承载居民健身活动的重要场所。构建完善的城市社区居民健身服务体系,对于提升居民的身体素质、促进居民身心健康、增强社区凝聚力,以及推动全民健身战略的深入实施具有极为关键的意义。

城市社区健身服务体系的构建,旨在整合各类资源,为居民提供便捷、多样化、个性化的健身服务,从健身设施的配备与维护,到健身指导的专业供给,从健身活动的组织策划到健身氛围的营造培育,全方位地满足不同年龄、性别、兴趣爱好的居民需求。通过深入研究这一体系的构建,能够为城市社区健身事业的发展提供理论依据与实践指导,助力打造健康活力、和谐宜居的城市社区环境,让每一位居民都能在社区中享受到优质的健身服务,迈向更加健康、幸福的生活。

笔者在撰写本书的过程中,参考了一些专家和学者关于城市社区居民健身方面的书籍和资料,在此表示敬意和感谢。但本书难免存在不妥之处,恳请广大读者批评指正。

目 录

第一章 城市社区居民健身服务体系的基本介绍 ……………… 1
    第一节 社区与社区服务 …………………………………………… 1
    第二节 全民健身背景下的居民健身服务体系 …………………… 10

第二章 城市社区居民健身服务运行体系的构建 ……………… 29
    第一节 城市社区居民健身服务运行体系的构建目标 …………… 29
    第二节 城市社区居民健身服务运行体系的构建要素 …………… 31
    第三节 城市社区居民健身服务运行体系的动力系统 …………… 45

第三章 城市社区居民健身活动的组织与管理 ………………… 50
    第一节 城市社区居民健身活动组织与管理的基本原则与意义 … 50
    第二节 城市社区居民健身活动组织与管理的基本方法 ………… 56
    第三节 城市社区居民健身活动的决策与计划 …………………… 59
    第四节 城市社区居民健身活动的组织与控制 …………………… 66

第四章 城市社区居民健身服务实践的评价指标体系研究 …… 70
    第一节 城市社区居民健身服务实践评价指标体系的确立 ……… 70
    第二节 城市社区居民健身服务实践评价指标体系的运用 ……… 73

第五章　城市社区居民健身运动科学保障 …… 77
　　第一节　城市社区居民健身运动的影响消耗与补充 …… 77
　　第二节　城市社区居民健身运动的伤病与恢复 …… 86
　　第三节　城市社区居民健身运动的科学医务监督 …… 100

参考文献 …… 109

第一章　城市社区居民健身服务体系的基本介绍

第一节　社区与社区服务

一、社区及其基本要素

（一）社区与社区居民

社区是若干社会群体或社会组织聚集在某一个领域里所形成的一个生活上相互关联的大集体，是社会有机体最基本的内容，是宏观社会的缩影。社区是具有某种互动关系的和共同文化维系力的，在一定领域内相互关联的人群形成的共同体及其活动区域。社区是居民赖以栖居的家园，需要环境优美、邻里和谐、管理规范。

社区居民是指社区的常住人口，他们不仅是社区服务的对象，也是社区建设和发展的主体力量，通过积极参与和贡献，对社区的整体发展与和谐稳定发挥着重要作用。

（二）社区的基本要素

社区是居民生活的社会共同体，是一个具有多重功能的社会实体，是人们参与社会生活的基本场所。同社区概念解释多样化一样，构成社区的主要因素，由于不同的学科或同一学科研究的侧重点不同，而导致社区构成的要素的解释也存在差别，但在大的方面存在相同之处。社区构成的基本要素主要有以下几个方面。

1. 人口要素

首先，人口是社区的主体，是社会的主体，也是社区生活的主体，以一定社会关系为基础组织起来共同生活的人群，是构成社区的首要因素。没有人群，社区就没有对象和主体。一个或数个家庭迁移到无人居住的地方，在那里定居、开荒，世代繁衍，会逐渐形成一个新的社区。社区居民是社区生活的创造者，他们为满足自身生存的物质需要，进行着各种活动，包括经济活动、政治活动、文化娱乐活动，从而构成了社区的经济生活、政治生活和精神文化生活。社区居民是社区社会关系的承担者，社区居民在社会交往中形成了一定的社会关系，在经济生活领域里有生产关系、交换关系、分配关系和消费关系。在社会生活领域里有政治关系、朋友关系、地缘关系、亲缘关系、血缘关系等。从本质上说，离开了社区居民，就没有社区的社会关系，居民是社区社会关系的承担者。社区居民是社区物质要素的创造者和使用者，任何社区生活都需要一定的物质因素。没有房屋，社区居民就没有住所，难以抗拒自然界的袭击；没有耕地、牧场、生产工具，社区居民就难以获取生活物资；没有任何活动场所和地理环境，社区居民就没有立足之地。这些都需要社区居民进行自我创造，可以说，居民创造了社区生活本身，也创造了社区生活的一部分物质条件。

其次，社区人口的数量与质量、人口的结构、人口的分布与流动状况是社区人口状况的子要素。数量是指社区人口的多少，人口数量各社区往往存在较大的差异；质量是指社区内人口素质方面的情况，包括文化素质、思想素质、道德修养等。人口结构是指社区内不同类型人口的特点和数量比例关系。人口分布指社区人口密度分布及他们的活动在社区范围内的空间分布；人口流动是指社区内居民数量变化及其空间分布上的变化。现代社会中，社区人口子要素的状况往往会引起人们的高度重视。比如，社区人口的构成对社区活动内容和社区活动场所有较大影响，不同类型的人群对社区活动的参与和认同程度是不同的。

2. 地域要素

社区是地域性的人们所组成的社会共同体，必须占有一定的地域，有着一定的边界，它是人们从事社会活动的区域。

地域要素包括自然地理和人文地理两个方面。

(1) 自然地理

自然地理包含社区所处的方位、地貌特征、自然资源、空间形状与范围等，每个社区总是和其特定的地理环境特征联系在一起的，平原地区、山村地区、河流地带社区互不相同。

(2) 人文地理

人文地理条件则包括人文景观、建筑设施等，从社会学的角度看，它是一个人文区位，是社会空间与地理空间的结合。社区地域要素中，最为重要的是社区所处的地理位置，它对社区的发展速度有重要的影响。例如，大连位于辽东半岛南端，是海港城市，邻近日本、韩国，优越的地理位置使其在改革开放初期就成了对外开放的前沿，海内外的投资者纷至沓来，城市人口和各项建设高速发展，成为北方最为开放的城市、旅游之地之一。地域要素中的地质、地形对社区发展也有重要影响，地质条件是城乡建设和发展的固体基础，山地、高低不平的地方不利于社区建设，而平原最适宜社区的形成与发展，世界上重要的城市社区多位于平原。气候条件对社区发展速度也有影响。适宜人类生活的温带，社区比较密集，从全世界看，大部分城市社区，尤其是大城市社区多位于温带地区。

3. 结构要素

社区的结构是指社区内的各种社会群体和社会组织相互之间的关系及其构成。一般而言，经济与社会发展水平越高，社会分工越清晰，社区内的社会群体和社会组织就越趋向多样化，其功能也趋向多样化和复杂化。通常认为，社会群体是人类社会的一种普遍现象，社会群体是指那些通过直接的社会联系和心理沟通所组成的社会共同体，包括家庭、邻里、工作班组、志愿者队伍、琴棋书画社、合唱团、舞蹈队等。社会组织是人们为了有效地达到特定目标而建立的一种共同活动群体，社会组织与外界有着清楚的界限，并且内部实行明确的分工并确立了旨在协调成员活动的正式关系结构。它包括党政机关、生产企业、学校、医院、科研单位、政府职能部门的派出机构等。目前，社区的结构越来越复杂，随着社会主义市场经济的发展，社区的群体和组织大量增加，如外资企业、合资企业、各类新经济单位等，同时，社区承担的功能也在不断增加，居家养老服务、维持社会稳定、协调社区活动、提供社会保障、帮困扶贫、计划生育、离退休人员的管理等，范围越来越大，管理的事情也越来越多。另外，随着社区职能、单位、群众团体的增加，它们之间的关系也越来越复杂，加之社区内的各种群体组织与社区外部有复杂联系，使社区的结构更加错综复杂。

4. 文化要素

文化有广义和狭义两种解释。

(1) 广义的文化是指人类在改造自然和改造社会的过程中所创造的物质财富和精神财富的总和。

(2) 狭义的文化是指作为观念形成的，与经济、政治并列的，有关人类社会生活的思想理论、道德风尚、文学艺术、教育和科学等精神方面的内容。

一般来说，社区文化包括历史传统、风俗习惯、生活方式、交际语言、精神状态、社区归属等。由于每个社区的形成过程、历史传统、地理条件、发展水平不同，各个社区的文化具有独特性。各具特色的社区文化是社区居民在长期的共同生活中积淀而成的，是许多社区能够成为相对完整和相对独立的社会实体的一个条件。社区文化总是为社区居民提供较为系统的行动规范，约束着社区居民的行为方式与道德实践，客观上对社区居民担负着教化的功能，以及对居民生活的某种心理支持。另外，社区居民都具有一定的社区意识，也就是社区居民对自己所属的社区有认同、喜爱和依恋的心理归属感，这种思想和心理上的感觉是社区生活对其成员的思想观念长期影响的结果。有无社区意识是衡量社区是否成熟的重要标准之一，无社区意识就形成不了社区共同体。

社区构成的要素还有约束要素、物质要素、社区行为规范要素等，但社区构成最基本的要素是上述四个。以上所述社区构成的四个基本要素的有机结合，就构成了一个个现实的社区。当然，不同层次、不同类型社区，其要素的完整程度和发展水平有明显差异，社区的四个基本要素之间的关系是否协调，对社区发展有重大影响。因此，保持社区四个基本要素协调发展，是社区工作的一个基本原则。

二、社区服务的含义及特点

社区服务指的是社区治理主体运用社区社会工作的基本理论知识和技术。以社区为单位，以一定层次的社区组织为依托，以群众的自我互助服务为基础，突出重点对象，面向全体社区居民的，以提高社区居民生活质量为主要目的的专业性社会服务活动。

（一）社区服务含义的不同层面

社区服务的含义概括起来，包含以下几个方面。

1. 从执行者层面看

社区治理主体即社区服务的主体。社区服务是以社区居委会、村民委员会等基层组织，以及各类民间性质的社区社会组织为基础和依托而展开的，不仅具有地域性，而且具有组织性和群众性。

2. 从服务性质层面看

社区服务是群众的自主性和自助性活动。社区服务在经济上有无偿服务和有偿服务两种形式，但是它与一般性社会服务和第三产业有着很大的区别。

3. 从服务目的层面看

社区服务以社会效益为主，经济效益为辅，有时甚至可以向社区居民提供免费服务。

4. 从服务对象层面看

社区服务的重点对象是社会弱势群体，如孤、寡、残、幼、病等；而社会服务的对象则是全体居民。

5. 从服务范围层面看

社区服务以本社区为主，具有明显的地域范围；而社会服务往往是跨地区的服务。

此外，社区服务与社会第三产业也有明显的区分。第三产业包括商业、金融、旅游、饮食、信息等，服务对象众多，范围较广，服务目的也以经济效益为主。而社区服务是一种社会公益事业，具有社会福利、社会保障的性质，其主要考虑社会效益而非经济效益。

（二）社区服务的特点

从不同层面的社区服务的含义中我们可以看出，与社会服务相比，社区服务有其明显的特征。

1. 非营利性

社区服务把弱势群体以及失业、下岗等急需帮助的群体作为服务的对象和重点。因此，社区服务从本质上来说是非营利的，目的是增进社区全体居民的福祉。

2. 地域性

社区是人们社会活动的场所，是地域性社会，因而地域性是社区服务的一个特点。我国城市社区服务以街道、居委会、小区为依托而展开，农村的社区服务以村、镇为依托展开。

3. 专业性

社区服务的主体要提供优质的服务，就需要一批专业化的社区社会工作者，包括资源调集、残疾人服务、少儿服务、心理疏导、治疗等内容，都需要专业化运作。专业性的服务不仅要解决眼前的、表面的问题，而且要解决长远的、深层次的问题。

4. 综合性

由于社区服务的对象包括不同职业、不同生活状况的社区成员，服务的主体包括社区内的一切单位和个人，涉及经济、政治、文化、社会等多方面，执行主体有城市居委会，以及各种社会团体、志愿者组织、专业工作者等，所以，社区的综合功能决定了社区服务的综合性特征。

三、我国社区服务发展的五个阶段

我国社区服务的发展可分为如下五个阶段。

（一）第一阶段

20 世纪 80 年代中期至末期。这一时期是我国社区服务的起步阶段，社区服务的开展基于几个原因：①改革开放后，随着国家政治经济体制改革的不断深入，城市中很多"单位人"变成了"社会人"，这些人失去了单位的保障，陷入了困境；②随着城市化进程的加速，流动人口大幅度增加，有效管理也是社区服务迅速发展的一个原因；③随着生活水平的提高，人们对服务种类、服务形式、服务质量提出了更高的要求。在这种背景下，民政部提出了开展社区服务的构想，提出了社区服务的概念。

（二）第二阶段

20 世纪 80 年代末至 20 世纪 90 年代中期。这一时期是我国社区服务的初步发展阶段，社区服务机构在各大城市迅速成立，但此时的社区服务主要以营利为目的，服务机构向居民提供有偿的服务和产品。

（三）第三阶段

20 世纪 90 年代中期至 21 世纪初。这一时期，国家连续出台多个文件，规范和指导社区服务建设。特别是《民政部关于在全国推进城市社区建设的意见》发布后，城市社区建设从大中城市向中小城镇全面展开，社区服务在社区建设中的"龙头"地位被确立下来，社区服务的内涵、性质、对象等更加明确。

（四）第四阶段

2006 年至 2012 年。这一时期是我国社区服务的转型阶段。2006 年《国务院关于加强和改进社区服务工作的意见》颁布后，将社区服务理解为一种体系建设，明确了社区服务的范围、职能、提供主体等。

2007年，国家发展改革委、民政部联合下发了《"十一五"社区服务体系发展规划》，其中不再将社区服务当作一种产业来经营，更强调其福利性质，社区服务开始被视为公共福利的一部分，社区服务的福利性质被正式确立。

（五）第五阶段

2012年至今。这一时期是构建我国社区服务新格局的新时期。党的十八大以来，社区治理被提到更加重要的位置。党的十九大报告在"十三五"规划纲要提出的"建立共建共享的社会治理格局"基础上增加了"共治"。

2020年审议通过的《中华人民共和国民法典》中，规定了基层群众性自治组织法人为特别法人；2021年，国务院正式颁布了《关于加强基层治理体系和治理能力现代化建设的意见》，提出"实施政府购买社区服务，鼓励社区服务机构与市场主体、社会力量合作。开展'新时代新社区新生活'服务质量提升活动，推进社区服务标准化"。

党的二十大报告指出，"增强城乡社区群众自我管理、自我服务、自我教育、自我监督的实效"，"完善网格化管理、精细化服务、信息化支撑的基层治理平台，健全城乡社区治理体系"。

四、社区服务的内容

社区服务体系包括以下两方面。

（一）面向全体社区居民

面向全体社区居民的、带有便民利民性质的社区服务体系可以分为如下几种。

1. 一般家居生活服务

一般家居生活服务包括日常生活服务和家务劳动两部分。具体的服务项目有：日常生活用品的购置与配送、家用电器维修、卫生清理、服装制作拆洗与熨烫、代收公用事业费等。可以建立与之配套的服务设施有：便民商店、早餐店、家电维修部、服装加工部、干洗店、理发店、钟点工介绍所。

2. 社区环境综合治理服务

社区环境综合治理服务包括绿化面积的维护和扩大、"四害"治理、环境噪声的控制、垃圾的袋装与分类、居民楼道及门前环境卫生的保护、违章搭建的控制、民事纠纷的调解、火灾隐患的消除、辖区内刑事案件的防范、外来人口的管理等。

3. 社区医疗卫生服务

社区医疗卫生服务具体可以开发的服务项目包括疾病预防、医疗诊断、病人护理、健康咨询、卫生宣传和防疫等。可以建立与之相配套的服务设施包括社区医疗诊所、便民医疗服务信箱、家庭病床、家庭医生全程服务、居民健康资料信息库等。这是顺应我国城市医疗服务改革，合理配置卫生资源，并为社区居民所迫切需要的服务活动。

4. 社区少年儿童服务

社区少年儿童服务具体可以开发的服务项目包括婴幼儿照料、少儿上下学接送、午餐制作与配送、课外看管、假期托管、智力开发、兴趣与特长的培养等。可以建立的服务设施包括托儿所、幼儿园、学前班、学生小饭桌、儿童阅览室、少年之家、校外特长培训中心等。

5. 社区生活服务

社区生活服务包括文化、教育、科普、咨询、培训、体育、娱乐、健身服务等。相应需要的组织和设施有文化活动中心、市民学校、科普实践基地、各类知识讲座班、业余特长培训班、图书阅览室、法律咨询室、运动场、健身房等。

（二）面向特殊群体

面向特殊群体、弱势群体，带有社会福利性质的社区服务体系具体可以划分为如下几种。

1. 社区老年人服务

社区老年人服务主要包括日常生活照料、家庭护理精神安慰、应急服务、医疗保健、文化娱乐等。可以建立的老人服务设施包括老人生活照料中心、老人公寓、老人保健站、老人法律咨询、老人婚姻介绍所、老人交心站、老人文化娱乐中心等。

2. 社区残疾人服务

社区残疾人服务主要包括生活保障、康复医疗、就业安置、婚姻恋爱、合法权益保障、文化生活等。可以建立的残疾人服务设施包括残疾人生活照料中心、康复中心、福利工厂、伤残儿童日托所、残疾人法律咨询和婚姻介绍所、残疾人文化活动中心等。

3. 社区优抚对象服务

社区优抚对象服务主要包括定人定期上门包户服务、辖区内商业网点"一条龙"服务等。

第二节 全民健身背景下的居民健身服务体系

2021年8月，国务院印发《全民健身计划（2021—2025年）》（以下简称《计划》），就今后一个时期促进全民健身更高水平发展，更好满足人民群众的健身和健康需求做出部署。

《计划》发展目标明确到2025年，全民健身公共服务体系更加完善，人民群众体育健身更加便利，健身热情进一步提高，各运动项目参与人数持续提升，经常参加体育锻炼人数比例达到38.5%，县（市、区）、乡镇（街道）、行政村（社区）三级公共健身设施和社区15分钟健身圈实现全覆盖，每千人拥有社会体育指导员2.16名，带动全国体育产业总规模达到5万亿元。

对于居民健身服务体系的构建工作来说，不但是全面贯彻落实《计划》实施的一项关键内容，而且是全面贯彻落实《"十四五"体育发展规划》的关键性内容。

一、居民健身服务体系的概念、特征与结构

（一）居民健身服务体系的概念

居民健身服务体系是指向居民提供基本而有保障的居民健身服务为主要目的而构建的一系列有关服务内容、服务形式、服务机制、服务政策等的制度安排。最显著的反映是政府主导、社会参与、体制创新，该体系是需求体系、供给体系、保障体系、评价体系的综合体。

（二）居民健身服务体系的特征

1. 系统性特征

居民健身服务体系是极为复杂的系统之一，主要包括供给系统、需求系统、保障系统和评价系统等。要想构建出高效、有序的居民健身服务体系，系统性思考是相当有必要的，在系统性思考的基础上组织、设计、管理、运行具体的环节。

系统性含义往往涉及三个方面的内容。

（1）整体性

居民健身服务体系是次序分明的系统组合，构建的主要目标是运筹与运作居民健身服务。

（2）联系性

联系性的突出反映是居民健身服务体系的子系统相互限制、相互渗透、相互转化、相互连接、相互依存。

（3）有序性

该体系的内容、结构、层次都有与之对应的服务方向，即不断满足居民的健身需求是加快系统实施速度的基本条件之一。

由此可见，在构建居民健身服务体系时应当深刻认识到系统化建设的意义，对居民健身服务的内容、体系布局等方面进行科学规划，对现阶段的居民健身服务需求形成全方位认识，最终构建拥有多层次、多样

化、网络化三项特征的供给系统,确保居民的各项权益不被侵害。

2. 公共性特征

公共性是居民健身服务体系最关键的一项特征,公共性主要包括以下四方面的内容。

(1) 利益取向的公益性

居民健身服务充当着当今社会居民服务的基本范畴,以全面实现居民健身权益为基本准则,尽全力达到社会效益最大化。

(2) 服务主体的公众性

作为居民健身服务单位,有责任向居民提供大体上不存在差异的居民健身服务。任何一项居民健身服务措施,均需要向居民开放且不设置条件,对居民参与不同类型的活动持有接纳的态度,进一步挖掘居民的管理作用与监督作用。

(3) 服务供给的公平性

每一位居民都拥有享受基本健身服务的权利,当今政府有责任提供良好的居民健身服务,当今政府一定要向居民提供等同的接触与享受健身服务的机会。

(4) 资源配置的公有性

一般来说,当今社会的共同价值准则与主流意识形态导向往往会在健身资源内容中反映出来,居民健身资源应当充分符合健身层面的共同利益、根本利益、长久利益。达到公平和正义这两项要求的公共性是价值伦理中的一种,是从客观上要求政府最大限度地满足广大群众的实际需求,确保每一位公民均有参与权及参与机会。除此之外,一定要深刻认识到公共舆论的监督功能和批判功能,并将这两项功能摆在重要位置上。

3. 统筹性特征

统筹性就是居民健身服务体系建设目标的详细体现,这个目标旨在达到居民健身服务的均等化。统筹性指出居民健身服务体系应当将更多注意力与精力放置在顶层设计与谋篇布局两个层面,充分挖掘与运用政府的主导性作用，全面整合区域内部不同等级的居民健身资源，采取多种方式把各方面的力量聚集在一起，充分调动各个层面的优势，由此形成合力，最终构建出动态的居民健身文化系统。在推动体系化建设的过程中，应当做好"两个统筹"的相关工作，具体如下。

（1）要统筹区域和部门的健身资源

要采取多种手段把国家健身服务体系的示范区设定成一个重要平台，要达到行政壁垒最小化的目标，由此彻底打破体制障碍，促使不同部门、不同领域、不同系统积极协作，共同为达到居民健身资源共建和共享而努力，最终顺利实现利用效率最大的目的。

（2）要统筹城乡健身发展

从本质上说，终极目标就是推动城乡健身发展的联动机制；合理分配城市地区和农村地区的公共健身资源，促使城乡公共健身服务资源的实际差距实现最小化，对城乡健身的发展产生积极影响。

4. 服务性特征

具体来说，居民健身服务是构成居民健身管理工作的一项重要内容，这从侧面认可了居民健身管理者具备服务性特征。分析提供居民服务的各个环节能够发现，政府、居民、第三部门，以及私人部门扮演的角色和发挥的作用有不容忽视的差异，各自的优点和缺点体现在不同领域。彼此的相互协作常常会由此形成很多层面相互协调、相互联动的形势，最终确保居民享受良好的健身服务。

5. 保障性特征

构建居民健身服务体系必须确保居民都拥有基本健身权利，最终确保居民相关的体育需求被满足。综合分析居民健身服务体系包含的子系统能够发现，财政保障系统、绩效评估系统、政策调节保障系统不单单对居民健身服务体系的可操作性、稳定程度、长久效果有很大作用，还直接影响着这个体系的存在效果，对该体系自我调整、自我修复、自我监控三个层面的整体水平都有提高作用。立足于全局来分析，保障性特征凸显了居民健身服务体系在制度、投入、参与、配置四个层面的实际特征，具体如下：

（1）就居民健身服务体系的制度架构来说，其需要保证居民均具备平等享受健身服务的权利。

（2）就居民健身服务体系的财政投入来说，其需要保证居民均具备平等的健身服务方面的效果。

6. 科学性特征

居民健身服务体系是一种相对科学的制度设计，科学性特征的突出反映是构建居民健身服务体系需要充分兼顾国家和地区的经济发展状况、社会发展状况，以及健身发展状况，在此基础上构建出切实有效的管理体制与运行机制。居民健身服务体系是用于服务型政府治理的管理模式，从特定立场来分析应当自觉学习和借鉴现代管理技术，同时尽可能把技术实现过程中的规范化、标准化、公开化以及透明化反映出来。合理的投入指标体系需要涉及的内容分别是投入总额及其增长速度、投入总额占财政支出的比例及其增长速度、投入的各项构成。此类居民健身服务体系可充当考核居民健身服务的投入、质量、效率与水平的关键量化指标。要想确保构建出的居民健身服务考评体系达到科学性要求，应当确定考核主体、考核导向以及关键考核指标，换句话说就是除政府考核主体以外，应当全面兼顾公众意见以及第三方机构意见，把公众需求当成重要导向，对发挥重要作用的考核指标进行确立与细分，由此构建出切实可行的指标体系。

7. 创新性特征

居民健身服务观念的创新是创新性特征的突出反映，换句话说就是居民健身服务逐步成为不同级别的政府都需要履行的职责之一，最终使成本、效率、公平实现统一。居民健身服务体系不单单是指单项性的政府体育职能，也并非指单个政府体育部门独立行使主体职能的体育项目计划。反之，由于政府承担体育义务而设计制度上的自循环功能框架，是为了达到居民健身服务规范化等多项目标而采取的、旨在优化和创新各项制度的策略。

首先，在制度上应当设法使政府从"管理型政府"慢慢演变成"服务型政府"，从根本上打破传统体制下政府单一主体的垄断供给局面，由此形成政府、市场组织、非营利组织相互配合、积极协作的大好局面。其次，加快管理创新的进程，立足于多个视角分析我国各地区的发展规划，借助多元化的措施达到体育规划创新先行的目标，最终产生明确可见的长久战略规划，对不同类型的居民健身服务资源实施合理整合，想方设法向居民提供满意的健身服务。最后，加大创新居民健身服务机制的力度，不仅要着力构建切实可行的居民健身服务运作的标准、原则、程序，还要构建责任追究和居民参与机制，最终进一步增加居民健身服务的创新深度。

（三）居民健身服务体系的结构

1. 居民健身服务需求体系

对于居民需求来说，不是把社会各个领域的个体相加在一起，而是一般社会需求的抽象，是确保社会存在并运行的一项条件。居民服务需求作为居民需要的一个构成部分，具体来说是居民在产品、服务上的需求。从很早开始，我国就在坚定不移地贯彻"自上而下"的管理体制，绝大多数政府管理者会联系自身认知去联想公众的居民健身服务需求，这是供给与需求出现偏差、各类资源遭到挥霍的一项重要原因。在不断贯彻落实居民管理改革和"以人为本"理念的大背景下，居民健身服务体制应当力争更加完善，即要设法从政府自上而下的硬性供给公共健身服务逐步过渡到广大群众和社会携手支配各类居民健身服务。

基本的居民需求往往会借助公民权利的形式被法律确认，这充分说明居民健身需求基本上是在反馈中生成的，在充分表达与社会协商过程中方可被确定。然而，尊重公民健身权利的首要任务是尊重公民表达自身健身需求的权利和参与公共决策的权利。

在市场经济体制下，居民健身服务供给应当全面兼顾消费者在居民健身服务方面的实际需求，不然将难以实现居民健身服务最优供给的目标。需求表达往往会被视为公民参与政治或者管理的逻辑起点。要想确保政府提供居民服务的逻辑起点处于正常状态，就需要深入挖掘和发挥公众参与的作用，进而立足于多个层面表达公民的实际需求。对于居民服务领域来说，需求表达机制就是在特定的政治框架下，各类需求主体借助特定渠道直接或间接向政府说明自身的实际需求，通过博弈的方式对政策产生一定程度的作用，最终充分满足各方面需求的过程。居民健身服务结构是利用社会调查的方式，大范围收集居民的意见，由此构建出清晰明了的居民健身服务标准，对居民做出一些承诺，联系居民意见提出居民健身服务的具体内容与服务手段，如此就能从根本上把居民置于健身服务的关键位置。公众参与是促进公共服务过渡为公共需求导向的重中之重。立足于政府层面分析，不仅要大力拓宽公民的参与渠道、进一步增加制度建设力度、保证政府服务的全过程都存在具备规范化特征的公民参与途径，也要积极开展针对政府公务人员的道德教育活动，进一步增强政府的责任意识，以及对公民参与的回应性，由此为实现公民参与提供重要保障。就居民而言，则需要加大对自身综合素质的培养力度，从根本上增强公民的责任感。

2. 居民健身服务供给体系

在计划经济体制下，居民健身服务供给的有效性常常会落实到行政系统自上而下的管理。自改革开放起，居民健身服务消费超额性不单单让居民有意愿通过市场购买公共服务，还增加了营利组织提供居民健身服务的积极性，并由此得到预期收益。可以肯定的是，政府利用税收优惠等诱导性政策激发企业有效供给居民健身服务，能够把居民健身服务市场供给的主动性充分激发出来。但是，市场供给设法达到利润最大化目标的过程中，多数情况下无法把效率与公平都兼顾在内。市场与政府两个方面的失灵，最终导致非营利组织参与居民服务的提供层面往往能够弥补这两个方面的不足之处。对于志愿组织"志愿失灵"的现实情况，以往彻底认可志愿组织的情况被彻底打破。一般来说，志愿组织会通过政府委托等方式向各个社会领域提供居民健身服务。在个别状况下，非政府组织的组织行为会摆脱志愿性公益机制，进而出现资源配置效率低下、价值取向公共性的情况，最终结果是无法充分满足社会不同层面的需求、无法及时提供公共产品和服务，出现功能和效率方面的不足也就在所难免。

居民服务是一个比较复杂的系统，产生这种现象的主要原因是自身结构、参与关系、供给方式、社会环境四个层面相对复杂。针对这些层面的复杂性，居民服务供给中往往会不定期地形成各类机制的混合。对于居民健身服务供给体系来说，不单单要把广大群众的健身权益、健身服务方面的实际需求考虑在内，也要保证居民健身服务的生产环节始终处于有序的状态，此外要在全面分析供给对象需求特征以及行为方式特征的前提下，选择并运用效果最显著的手段，最终使居民健身服务实现最优供给。因此，体现效率与公平的居民健身服务供给体系必然会演变成为我国构建和谐体育不可或缺的内容之一。

在经济领域和社会领域自组织力量越来越强大的背景下，居民健身服务供给过程慢慢转换成政府、市场、第三部门与私人部门等各类角色构建的合作网络。居民健身服务的所有供给主体均难以把居民的实际需求、兴趣爱好、利益诉求都准确无误地呈现出来，往往会因为个体价值判断使供给结果与需求目标难以全面统一。为此，政府必须设法组建居民健身产品供给多元主体之间的对话合作机制，在权利分享过程中注入巨大的生命力，由此尽早构建出居民健身服务供给联合体；政府要确保构建出的机制达到合理性要求，由此扩大私人部门的社会影响力，适当提高政府补偿力度，确保非营利组织获得资金扶持，带动非营利组织自觉成为居民健身服务供给的参与者，确保公共利益得到满足；推动居民健身服务的市场价格形成机制并朝着更加优化的方向发展，对限制各主体市场利益最大化的冲动形成制约，为我国每一位公民拥有各项权利提供保障。

3. 居民健身服务保障体系

（1）组织保障体系

以居民健身服务的复杂性为基础，从根本上说居民健身服务组织保障体系就是指有效组合与协调的活动，主要目的是产生适宜的居民服务组织结构，在最短时间内达成组织目标，为居民健身服务组织的生存和发展奠定稳固基础。组织结构的复杂性可以从三方面衡量，即横向、纵向和空间。纵向的复杂性是指层级的数量；横向的复杂性是指横向跨越组织的部门和工作的数量；空间的复杂性是指组织结构要素在地理位置上分布的数量。因此，居民健身服务组织保障体系除了纵轴结构与横轴结构外，还应具有空间轴结构，即形成政府组织、非营利组织、私人组织以及各种健身服务机构在地理位置上分布的空间轴结构。

(2) 政策法规保障体系

就当前而言，法律法规、部门规章条例是我国政策法规体系的主要构成部分。在我国实现居民健身服务均等化的各个环节，法律体系需要立足于纵向的角度为整合政策与法规注入动力，全面清除无法适应居民健身服务均等化原则的法规、规章、政策，设法把相对完善的政策与法规升级成基本法律，由此增加权威性与统一性。居民健身服务社会化改革需要贯彻和落实相应的法规与政策，明确划分并保护私营部门的投资权、经营权以及收益权，最终确保制度激励达到可行性要求。对于居民服务市场化法治建设而言，需要完成的第一项任务是从过去侧重"管制"过渡到维护市场平等权利，由此推动政策自觉成为构建优质环境的主体；然后从"允许"性规定过渡至"禁止"性规定；最后从侧重借助行政性规章与文件转变成充分融合法律授权，为"权利本位"过渡到"责任本位"提供保障。

(3) 财政保障体系

受行政化资金拨付与使用手段的双重影响，运用居民健身服务财政资金的过程中往往未能达到决策科学性的要求，应当采取的措施如下：

①要从根本上加快建设居民服务型政府的速度，带动居民积极参与到相关的健身服务供给过程中，促使各级政府的财权划分与事权划分更加合理有序，通过多种途径消除财权和事权及配置不对称给公益性健身事业发展带来的负面作用。

②应当大力优化财政政策,进一步扩大国家财政投资规模,主动引入社会资本,促使居民健身服务供给机制得到有效优化。

③进一步优化和革新财政体制,促使地方税收体系更加丰富,促使财政收入渠道朝着规范化方向发展,为政府提供公众满意的居民健身服务发挥保障作用;推动中央与地方的事权更加清晰可见,提高财力与事权相互匹配的财税体制的实际效果;促使中央财政更好地执行针对地方的转移支付制度,促使财力性转移支付的实际比例获得大幅度提升,最终有序地落实纵向转移和横向转移充分融合的模式。

④加快实施城乡公共服务均等化的财政制度。科学构建财政投入增长机制,设法使公共财政对农村居民健身服务的实际范围获得大面积拓展,努力确保农民享有的健身服务和城市居民享有的健身服务实现均等。

(4) 信息保障体系

信息保障体系就是一个国家或地区和不同种类的信息资源中心进行联合,把统一的规范当成重要依据,更加协调地完成信息资源的收集工作、整理工作、存储工作、开发工作以及利用工作,由此使得社会对信息资源需求的体系得到尽可能满足。对于居民健身服务信息保障体系而言,第一步是明确信息机构的定位与机构存在的具体联系、各自的运行基础、资源以及服务对象;第二步是应当严格遵循资源共建共享的原则,采取多种途径落实本机构信息资源的专业化建设和特色化建设,由此构建出跨系统、跨部门的信息工作协调机构,在各个层次组织和协调信息资源的共建和共享;第三步是在保障用户正式沟通渠道处于畅通状态的情况下,采取多种途径疏通并扩展其他信息交流渠道,高质量完成对知识创新信息的开发工作与利用工作,科学构建多渠道信息沟通网,进一步加大建设体育服务信息化的力度;第四步是信息权益保障制度建设应当制定出和信息资源开发与服务等有关权益保护存在关联的法律法规,构筑拥有可操作性特征的信息服务权益监督体制,对信息服务的经营权、竞争权、开发权以及产权采取保护措施,进而使信息权益保护的主动性得到大幅度提升,有效规避侵权行为。

4. 居民健身服务评价体系

从根本上说,居民健身服务评价就是居民健身服务的绩效评估。绩效评估是一种涉及多个层面的质量管理工具,基本目标是回答组织或个人采取哪些措施行动,有没有达成事先设定的目标,接受服务的对象满意度如何,总体行动有没有处在可控范围内,需要优化和改善的地方分别是什么。居民健身服务的绩效评估需要立足于法律层面,承认并保障居民服务评价机构在开展居民服务评价过程中不受任何组织或个体的干扰与影响,保证各项评价工作始终在法律制度化框架中运行,同时在认真落实公平和效率价值准则的前提下,运用最高效的手段追求公平。具体而言,居民健身服务评价体系一定要明确并处理好以下几个方面的问题。

(1) 居民健身服务绩效评估的内容

居民健身服务绩效评估的内容就是评估什么。在绝大多数情况下,绩效不单单是指衡量结果和过程,还是指衡量提供方的努力程度以及接受方的满足程度,所以说绩效是拥有综合性特征的范畴,具体涵盖"过程"和"结果"双重内涵,过程和结果之间的关系是前者产生后者,后者体现前者。由此可知,居民服务绩效评估就是居民服务评估主体参照具体的政策以及运用特定的评估技术方法来评估居民服务生产者,换句话说就是评估供给主体提供的居民服务的数量、质量、效率、公平性以及满意度等。

就居民健身服务而言,绩效评估对象就是居民健身服务的提供者和产品;就过程而言,绩效评级对象主要是指投入有没有满足经济性要求、过程有没有达到规范性要求和合理性要求;就行为结果而言,绩效评估主要涉及产出和投入相比有没有效率,最终的行为成果有没有实现既定目标,这里的影响主要涉及经济层面的影响和社会层面的影响,联系绩效评估的内容,我们认为居民健身服务绩效评估应当兼顾的内容分别是投入和产出的效率、效果和公平性、居民的满意情况。

(2) 居民健身服务绩效评估的主体

居民健身服务绩效评估的主体是指由谁来评估，最重要的问题是居民健身服务绩效评估中的评估主体选择。居民健身服务评估主体的构建是居民健身服务绩效评估的重要部分，和居民健身服务评估的合法性与有效性存在尤为紧密的联系。分析我国居民健身服务评估的整个过程就能够发现，常见问题分别是单向性问题与不平衡性问题，多数情况下会密切关注政府内部评估、忽视社会公众与相对人的参与情况。在实践过程中，多元化的评估主体，尤其是外部评估主体的作用并未获得全方位认识。在政府组织互动程度与开放程度持续增加的背景下，找准时机引进多元化评估主体，特别是外部的评估主体，一定有助于居民健身服务绩效评估体系的优化和完善。虽然居民健身服务评估主体具备多元化特征，由政府评估、公众评估和第三方评估三个部分组成，但服务使用者公民的感知评价在健身服务评价中发挥着不可替代的作用。具体来说，居民健身服务内部评估主体不仅包括传统的上级领导部门和组织人事部门，也包括内部的广大员工以及其他相关部门；而组织外部的评估主体则包括各种社会团体、专业人士、新闻媒体以及更加广泛的社会公民。

(3) 居民健身服务绩效评估的方式和方法

简单来说，居民健身服务绩效评估的方式和方法就是指如何评估，即在居民健身服务绩效评估中怎样确定衡量标准、怎样全面运用评估手段。以绩效评估的性质为依据，能够将居民健身绩效评估的手段划分为定性评估与定量评估两部分内容，具体如下：

①定性评估。定性评估就是评估中心针对居民健身服务绩效实施质的鉴别以及确定具体的等级，绝大多数情况下会采取评审手段。由于定性评估的构建基础是评估主体主观印象以及经验基础，所以时常会受到评审者主观因素以及外界因素的双重干扰。

②定量评估。定量评估就是针对居民健身服务展开量的鉴别与等级评定，多数情况下是在准确测量的前提下，正确应用统计和数学的方法对得出的数据加以整理与分析。由此可知，居民健身服务绩效评估一定要把定量分析与定性分析有机结合在一起，单方面的定性分析往往会增

加偏差出现的可能性，单方面的定量分析难以针对完善居民服务提出切实可行的评价意见。与此同时，居民健身服务绩效评估指标体系有无达到合理性和科学性的要求，往往对评估水平以及评估质量有决定性作用，有必要构建一整套达到科学性要求的居民健身服务评估模型，正确完成针对评估指标与评估权重的设计工作，采取多种途径促使评估达到可操作性要求，坚持修正和优化绩效评估指标体系。

二、居民健身服务体系的要点

居民健身服务体系有必要开展创新改革活动，这不但是满足居民健身需求的必要措施，而且是推动体育事业可持续发展的必然要求。居民健身服务体系的要点如下。

（一）宏观政策层面的要点

1. 明确政府在居民服务体系中的地位与职责

在广大群众积极参与健身活动的大背景下，我国政府要设法把"全民体育"等指导性思想融入公共服务工作中，从思想上认识到居民健身服务在实现健身目标过程中发挥的作用。对于地方政府而言，不仅要密切联系当地的体育发展状况，也要站在多个视角掌握广大群众参与体育的相关信息，将不同层面的信息定位成提供居民健身服务的参考。与此同时，相关人士应当科学制订不同时长的居民健身服务体系建设计划书或者目标任务书，进一步强化对制订计划和实现目标的监督工作和管理工作。除此之外，因为居民健身服务和很多方面都存在密切联系，所以包括政府体育部门、城建部门、教育部门在内的多个部门都应当相互协作、及时沟通，所有部门都应当对各个部门在居民服务体系建设过程中的权利和义务有清晰的认识。只有贯彻落实这几方面的措施才能实现政府效能最大化。

2. 充分发挥非营利组织与营利公司在居民健身服务体系中的作用

在对居民健身服务体系加以完善的过程中，单方面调动政府部门的作用难以获得理想成效，和体育相关的非营利组织以及营利公司产生的作用也是不可或缺的。从这个角度来分析，非营利组织与营利组织都有不可替代的作用。因此，政府有必要积极提倡这两类公司自觉参与完善和革新居民健身服务体系的参与者，专门制定适宜非营利组织以及营利公司的相关支持政策。把政府内部的相互协作、密切配合设定为比较对象，政府、非营利组织、营利公司应当努力使彼此间的协作达到社会性要求，公众对其更加了解，这对公众肯定政府居民健身服务工作有很大的积极作用。

3. 促进城乡居民健身服务均衡发展

就当前来说，我国大型城市是居民健身服务的主要聚集地，部分省会城市的居民健身服务在近些年同样获得了很多发展成果，但部分小型城市、乡镇、偏远地区的居民健身服务依旧需要改善。全民健身的主体是全国人民，旨在促使全国人民都拥有强健的身体。由此可知，政府应当尽可能把居民健身服务落实到我国所有地区，促使全体国民的体质和健康水平得到大幅度提升。着眼于实践活动中，政府应当采取多种措施促使城乡居民健身服务的发展处于均衡状态，把工作重点逐步从居民健身服务水平较高的地区转移到居民健身服务水平有待提升的地区，从根本上落实"走下去""深入进去"，在人力、物力、财力三个方面提供支持。在制度层面，政府应当制订出清晰明了的城乡居民健身服务均衡发展计划，每一项任务都落实到对应的责任人身上，严格监督和管理责任人的工作，缩短实现我国城乡居民健身服务均衡发展目标的时间。

(二) 体育设施层面的要点

1. 配置结构协调的居民健身设施

体育设施不仅是实现全民健身目标的载体，还是发展全民健身活动的载体，也是政府居民健身服务工作中的重要内容之一。政府应当和社会调查企业相互协作、相互配合，高质量完成关于大众体育健身情况的调查工作，应用广泛的调查工作依次是广大群众参与体育健身的年龄结构、项目种类、时间、地点等内容。就现阶段来说，我国一些省市现有的体育设施类型比较单一，主要使用群体是老年人。全民健身主要针对青少年与儿童,并不是老年人。但是,当前不存在能够基本适应青少年与儿童体育需求的居民健身设施,能够满足青少年和儿童体育需求的居民健身设施往往会受很多因素的影响,最终造成健身成本大幅增加。针对这种情况,政府应当及时优化现阶段的居民健身设施配置方案,适度加大青少年和儿童公共健身设施的配置比例。

2. 开放学校体育场地

学校是社会的组成部分之一,是向学生传授体育健身意义以及终身体育理念的重要阵地,能够有效推动我国全民健身目标的达成。近年来,我国很多学者都深入探究了学校场地对外开放问题。目前,我国许多学校的体育场地呈对外开放的状态。就居民健身设施偏少的地区来说,学校体育场地对外开放有助于调动公众参与体育健身的积极性。政府应当大力倡导学校体育场地对外开放,把学校体育场地列入居民健身服务体系中,此外向学校赋予特定的权利和义务。需要补充的是,在学校场地对外开放的过程中,学校应当积极制定切实有效的管理制度,谨记学校体育场地对外开放的目标是推动全民健身进程、完善居民健身服务,并非获取利益。

(三)体育宣传层面的要点

在全民健身背景下,体育宣传方面的工作应当从以下两个方面着手。

1. 加大对体育健身文化的宣传力度

在广大群众积极参与健身活动的背景下,政府应当主动加大对体育健身文化的宣传力度,在确保文化形态的前提下推动公众参与体育健身的思想始终平稳,由此使得居民健身服务体系朝着更持久、更稳固的方向发展。分析现阶段的实际情况能够发现,政府宣传全民健身以及公共健身服务的常用方式是传统媒体宣传和互联网宣传。在宣传过程中,政府有责任保证所有宣传信息客观、全面、真实。政府应当采取不同措施让公众精准掌握我国政府居民健身服务工作的有关内容,鼓励居民通过多个渠道反馈问题、提出意见,由此引导公众变成健身服务体系构建活动的参与者。在互联网迅猛发展的当下,政府应当主动借助微信、微博等增强政府和广大群众的联系,和广大群众就开展健身服务的相关工作进行沟通和探讨,及时发现并解决相关问题。

2. 举办体育竞赛

体育竞赛可以对体育健身价值以及体育文化实施大范围宣传。就近几年来说,我国运动员先后在很多大型比赛中获得了优异成绩,这不仅有助于我国开展全民健身活动,也有助于我国政府更加高效地构建居民健身服务体系。我国各级政府应当紧紧抓住历史机遇,积极组织和开展各类全民体育竞赛,由此对居民健身服务工作产生辅助作用。调动各方面的资源举办全民体育竞赛,不仅对广大群众提高自身的体育竞技水平有积极作用,还对营造全民体育的良好氛围有积极作用。对于体育竞赛举办地而言,政府应当就举办体育竞赛获得优异成绩的城市专门制定相关的措施,促使这些城市逐步发展成以体育竞赛为基础的旅游地,促进当地体育产业蓬勃发展。

三、居民健身服务体系的基本架构

居民健身服务体系的基本架构是由很多个存在联系的系统构成的综合体,这里着重分析构建居民健身服务体系基本架构过程中需要高度重视的问题,具体如下。

(一)厘清政府、社会和市场三者关系

我国居民健身服务体系的供给系统是借助政府主体供给、社会参与供给、市场运作供给等方式完成居民健身服务资源的配置工作,同时向国民提供良好的居民健身服务。为此,在构建居民健身服务体系的供给系统时,一定要先厘清政府、社会以及市场三个层面的具体联系,如此才能确保政府、社会、市场充分参与到构建我国居民健身服务体系供给系统的运作工作中,具体如下:

第一,构建居民健身服务体系是一项尤为繁重的工作,一定要把我国的国情、社情以及民情的发展情况当成出发点,合理设计且综合考

虑，在此基础上高质量完成崭新的制度安排。政府应当立足于战略高度探究构建居民健身服务保障体系的发展规律，始终把满足城乡居民体育需求当成一项重要任务，促使我国居民健身服务体系的基本架构更加健全，进一步扩大居民健身产品与服务的供给，进一步加快构建我国居民健身服务体系的速度。

第二，构建我国居民健身服务体系的基本架构是一项尤为关键的社会系统工程，必须有社会各界的全面投入和积极参与，不然将无法达到构建居民健身服务保障体系的目标。

第三，构建居民健身服务体系的基本架构是一项尤为艰巨的任务，所以充足的体育资源是必不可少的，只调动政府力量和社会力量是远远不够的，市场的运作供给同样是不可或缺的，由此才能产生政府宏观调控、各社会阶层踊跃参与、市场运作积极分享文明成果的良好互动关系。

第四，构建良好的居民健身服务体系的供给系统需要全面发挥政府、社会以及市场的优势，具体如下：

由于政府在政策管理、规章制度、保障平等、保障服务的连续性和稳定性以及保持社会参与的凝聚力和市场运作的秩序等方面具有权威性。因此，政府应当把针对市场的培育功能、规范功能以及监管功能发挥得淋漓尽致，立足于体制与政策、人才发展、体育基础设施改进和居民健身服务转型等方面，带动市场运作、事业单位和社会组织等各利益相关者共同加快居民健身服务体系的构建速度。

在参与居民健身服务体系的供给系统时，社会拥有比政府和市场运作更加灵活的方式。社会成为居民健身服务体系供给的参与者有助于提升供给效率，这能够增加居民健身服务和民众体育服务诉求相互沟通的机会。政府需要全面运用和落实《全民健身计划》的成果，调动并整合来自社会各个方面的力量，推进居民健身服务体系的构建进程，自觉承担政府转移居民健身服务的职能，确保政府与市场提供居民健身服务的缺陷得到弥补。

就市场运作来说，不但能使我国居民健身服务供给短缺的问题得到缓解，而且能使融资渠道更加多元化。市场运作在创新和推广成功经验，以及适应瞬息万变的崭新时代背景等方面拥有更加显著的优势。然而，政府应当严格遵循市场运作的基本原则，准确划分市场和政府应当承担的责任，对于市场运作不足的领域应当适度加大市场化运作的力度，对于需要进一步完善的则需要政府重新承担相应的责任。促使政府、社会、市场三方面的积极参与，将这"三驾马车"的作用发挥得淋漓尽致，革新公众与政府社会、市场之间的联系与交往方式，准确定位政府、社会、市场在居民健身服务体系供给系统中的均衡点，最终产生政府、社会、市场相互结合、优势互补的有效居民健身服务体系的供给机制，由此使得居民健身服务体系的供给效率得到大幅度提升，最大限度地满足城乡居民体育服务发展的各项需求。

（二）整合有关居民健身服务体系基本架构的资源要素

城市、城乡接合部、农村三个应用系统是把我国实际国情定位为出发点，在密切联系我国各个地域居民的健身服务需求的基础上，合理整合包括居民健身基础设施服务和居民健身机构服务在内的各类资源要素，同时高质量完成对社会体育资源的统筹工作、组织工作、协调工作以及配置工作，向国民提供具有基础性作用的健身产品服务，以及健身服务，进而对国民体育权利的达成发挥保障性作用。政府应当把全体公民的公共利益设定为构建我国居民健身服务体系基本架构的出发点，集中精力在居民健身服务的立法、基本体育居民服务的提供、居民健身服务的多元化供给、居民健身服务的监管、居民健身服务资源的开发和深化体育管理体制改革等层面产生主导性作用，如此方能进一步优化我国居民健身服务保障体系，促使居民的多样化体育需求得到满足。

（三）构建强有力的监督管理机制

我国居民健身服务体系基本架构的构建工作和常见的体育服务存在很大不同，要想保证构建的基本架构达到公平性、公益性以及便利性的要求，一定要构建切实有效的监督管理机制，至少应立足于政府监督系统、社会监督系统、绩效监督系统和质量考核监管系统四个方面构建相对完善的监督管理体系，由此使得居民健身服务的供给效率以及服务质量获得大幅度提升，最大限度地满足居民在健身服务方面的多元化需求，最终达到增强居民体质的目标。

第二章 城市社区居民健身服务运行体系的构建

第一节 城市社区居民健身服务运行体系的构建目标

一、构建的目标

根据城市发展、城市建设、居民健身计划实施情况及体育公共事业发展的现实，营造良好的体育锻炼环境，提高居民的健康素质。初步建成居民健身服务体系，需要创建一个科学、文明、健康的体育生活环境，做到设施基本齐全、指导基本到位、信息基本畅通，切实保障居民平等地享有参加健身活动的权利，满足居民日常生活的体育需求。[①]

二、构建的原则

（一）科学性原则

构建的居民健身服务体系必须能够明确地反映居民体育需求与各指标的支配关系。指标体系的设置应有一定的科学性，应是实现体育需求的可行性路径；指标体系的设置要简单、合理，要切实符合政治、经济、文化等发展现实，能够有效地应用到居民健身服务实践中，能充分体现出科学性构建原则。

---

① 宫彩燕. 全民健身体系研究 [M]. 长春：吉林人民出版社，2020.

（二）导向性原则

居民健身服务体系的构建要与城乡综合配套改革、雪炭工程、群众体育健身工程等政策法规相协调、相统一，具有鲜明的导向作用，能充分反映居民健身服务发展的目标和内涵。

（三）区域性原则

居民健身服务体系是一个区域性概念，应从区域范围的角度入手，采用宏观指标即居民健身服务的规划体系、融资体系、供给体系、评估体系、监督体系等进行整体构建，但在实践过程中，更要充分结合具体现实加以灵活运用，要不遗余力地发展居民健身服务。

（四）特色性原则

社区居民健身服务体系的构建是一个特定地区体育事业的发展过程，在这个过程中，居民健身服务体系构建工作应体现对地方文化传统和生活习惯的尊重，应体现对体育民俗和体育文化的保护，要尽可能地按照当地的地理环境和居民长期以来形成的健身活动喜好去供给体育产品和体育劳务。

（五）均等性原则

均等化是当前政府和社会各项公共服务事业发展的目标。公共服务均等化就是人人都能享受到公共服务，享受公共服务的机会是平等的。居民健身服务主要靠政府体育财政投入所形成的公共体育资源供给。在举国办体育的体制下（严格地说是举办竞技体育），体育领域的财政支出不仅存在群众体育与竞技体育的严重失衡，而且不同社会群体在公共体育资源享有方面也存在巨大的差异。因此，这里强调的均等性原则并不是指所有居民都要享有完全一致的居民健身服务，而是在承认政治、经济、文化差异的前提下，保障居民都享有基础性的居民健身服务，保障居民对居民健身服务都有同等的满意程度。

（六）效率性原则

效率是指有用功率对驱动功率的比值，最有效地使用社会资源以满足人类的愿望和需要。公共部门的效率包括生产效率和配置效率,生产效率是生产或者供给服务的平均成本,配置效率是组织所供给的产品或服务能否满足需求者的不同偏好。因此,在居民健身服务体系的实践中应重视居民健身服务投入、产出及配置的问题,遵循效率规律。让更多的企业、社会组织及个人参与到居民健身服务活动中来,缩短体育产品供给的路径,使城市社区居民享受到更多、更好的体育产品和体育服务。

第二节　城市社区居民健身服务运行体系的构建要素

构建居民健身服务规划体系,要积聚政府、社会的各方面力量,根据整体情况和居民健身服务需求的发展变化,制定合理的总体规划和阶段发展规划体系,全面协调居民健身服务体系与政府、居民健身服务体系与社会组织之间的关系,有效地整合系统的组织机构和社会资源,将居民健身服务体系的目标转化为与大众整体利益直接相关的居民健身服务项目。在制定各项规划过程中,要注重凸显规划的前瞻性、操作性、动态性和持续性:一是注重规划的前瞻性。居民健身服务体系的建设是一项长期的系统工程,在不同阶段须以具备先导性的发展蓝图和行动纲领为指导。在制定规划体系时,各职能部门首先应深入分析国家的时事政治,深入分析国家的大政方针,深入分析体育健身发展趋向,广泛听取官员、专家、学者及社会各界对规划编制的意见,预见性地考虑居民健身服务面临的主要问题。二是注重规划的操作性。大众居民健身服务规划体系切实为居民提供居民健身实施依据,应确保该体系的真实性、可靠性、可行性,避免出现操作上的偏失。三是注重规划的动态性。事物总是处于发展的动态过程中,因而指导事物发展的规划也必须具备相应的灵活性,事物在发生变化或重大转折时,依旧能够确保居民健身服务的正常运行。四是注重规划的持续性。大众居民健身服务体系规划必须与整体发展战略规划、经济社会发展规划、社会主义新发展规划、城市发展规划等相协调统一。

一、技术要素

技术条件类是指居民健身服务所必需的体育场地、体育设施设备、体育器械等物质技术条件。健身服务是一种过程化服务，体育促进是一种无形产品，体育促进的经营主体只有依托于体育场地、体育设施设备和器材等物质技术条件才能实现体育促进的生产和交付，完成健身服务的过程。因此，体育场地、体育设施设备等物质技术条件是居民健身服务经营主体向居民提供健身服务的依托和基础，是居民健身服务体系的重要组成部分。①

居民健身服务体系的技术条件可以分为两大类：第一类，体育场馆及附属用房（场地）等建筑设施类；第二类，体育设施设备器材等专业设施类。

群众建筑设施包括各种体育馆、公共体育场，其中小的休息室、更衣室、洗浴室、咨询处、寄存处等既属于建筑设施也可以看作服务设施。

专业设施包括生产和提供健身服务产品而所必需的专业设备和专业器材，如乒乓球台（乒乓球）、保龄球道（保龄球）、综合（单一）健身器等。在健身健美、康复体疗、运动处方咨询等健身服务中，还需要有专业的测试设备。

作为健身服务的物质技术总则，无论是建筑设施还是专业设施，一般应该满足齐全、舒适、完好、安全四个条件。

（一）齐全

设施设备的齐全既包括建筑设施的齐全，也包括专业设施的齐全。

---

① 司玉灿，蒲石，段小敏. 全民健身知识 [M]. 西安：陕西科学技术出版社，2016.

一座城市（地区）在规划体育设施的时候，首先要考虑的是体育建筑设施的齐全，更要依据群众喜欢的运动项目而设定。作为一个具体的健身服务企业，不仅要考虑体育建筑设施的齐全，也要考虑专业设施的齐全，即既要有设计新颖美观的体育场地和服务性设施，也要有本项目所必需的各种专业设施设备器材。

（二）舒适

体育场地设施设备的舒适程度是衡量居民健身服务体系功能状况的重要指标，是提高健身服务质量的重要因素。体育场地设施设备的舒适程度：一取决于设施设备的配备档次（在建设体育场地的时候就要重视设施的选购配备）；二取决于设施设备的维修保养（平时要加强设施设备的使用管理和维修保养）。

（三）完好

体育场地设施设备的完好程度直接影响健身服务的质量。如果体育场地地板开裂、场地不平、灯光不明、座椅破损，或者没有休息、寄存物品的地方，即使体育锻炼激烈精彩，也会使居民健身服务的质量大打折扣。所以，体育相关政府部门必须经常检查，及时维修，保持设施设备的完好，以避免因为设施设备的问题而影响居民健身服务的质量。

（四）安全

安全包括体育场地及附属用房（场）等建筑物的安全；体育器材、器械等专业设施的安全；健身活动项目的安全以及群众的财物和人身安全；等等。建筑设施、专业设施、服务设施的安全等最终都是为了保证群众和健身服务人员的人身安全。所以，体育部门必须经常检查各类设施的安全状况，及时消除安全隐患，切实保证各类设施的安全，从而保证群众和健身服务人员的安全。

二、职能要素

职能条件类是指居民健身服务所必需的服务人员以及他们在履行服

务职责时所采用的服务方式、服务手段、服务环境等。健身服务的生产与消费具有时空一致性的特点，生产的过程既是消费的过程，又是健身服务人员和群众接触、交流、沟通的过程。体育群众消费者对健身服务质量的感知，不仅取决于物质技术条件，也取决于体育企业的职能条件。只有物质技术条件和企业职能条件紧密结合，共同发挥作用，才能实现体育产品的生产和交付，完成健身服务的过程。因此，健身服务人员、服务技巧等职能条件是居民健身服务经营主体向消费者提供健身服务的保证，和物质技术条件一样，也是居民健身服务体系的重要组成部分。

居民健身服务体系的职能条件可以分为两大类：第一类，健身服务人员及其服务能力等服务技能；第二类，服务项目、环境、卫生等服务环境类。

服务技能包括健身服务人员的专业水平、服务方式、服务技巧、服务态度、服务效率、礼节礼貌、沟通能力等。健身服务是无形的，服务推广的过程就是服务人员和消费者打交道的过程。在这个过程中，健身服务人员的服务技能将直接影响消费者对服务质量的感知。

（一）专业水平

居民健身服务的服务人员包括运动员、教练员、裁判员、社会体育指导员以及与居民健身服务有关的人员。健身服务人员的专业水平是服务技能的核心内容，也是居民最为关心的问题，对居民健身服务的质量起着决定性的作用。我们经常看到有的健身健美俱乐部门庭若市，而有的则门庭冷落，除了其他因素之外，技术指导人员的专业水平起着很大的作用。所以，居民健身服务的经营主体必须努力提高服务人员的专业水平。

（二）服务态度

服务态度是提高服务质量的基础。服务态度取决于服务人员的主动性、积极性和创造精神，取决于服务人员的综合素质、职业道德和敬业精神。良好的服务态度表现为主动、热情、周到地服务。健身服务是一种接触性很强的服务，亲切和蔼、表情愉悦、态度友好的服务人员，会给消费者一种信任感和安全感，可以减少消费者因某种不便或技术出问题而产生的不满和怨言，有助于服务人员与消费者的沟通，有助于拉近服务人员与群众的距离，有助于体育企业建立良好的形象。服务方式与服务技巧是提高服务效率和服务质量的基本前提和技术保证。服务人员的礼节礼貌、沟通能力也是服务方式与服务技巧的内容之一。服务方式、服务技巧与服务态度相辅相成，共同形成良好的服务。再好的服务态度也不能取代服务方式与技巧，同样，再好的服务方式与技巧也不能代替服务态度。服务方式与技巧取决于服务人员的专业知识和技术水平。因此，居民健身服务不仅要加强健身服务人员职业道德和敬业精神的教育，更要加强服务人员服务方式与服务技巧的培养。

（三）服务效率

效率是劳动量与劳动成果的比率。健身服务的效率是居民健身服务体系功能的集中表现，取决于健身服务人员的专业水平、服务态度和服务方式与技巧，反映了健身服务企业的精神面貌和风格，是优质服务的核心，是服务质量最重要的组成部分。既关系到群众对服务质量的感知和评价，也关系到健身服务企业的形象和效益，应该引起体育部门的高度重视。体育企业应当加强服务人员的经常性培训，提高专业水平，改进服务方式，改善服务态度，从而提高服务效率。

服务环境包括体育产品的生产经营主体向群众提供的服务项目，体育场地等消费场所内外的清洁卫生状况、环境氛围等。

服务项目可以分为基本服务项目和附加服务项目。基本服务项目指在服务指南中明确规定的，所有群众都可以享受的服务项目。附加服务项目指"个性化"的服务，即部分群众需要的，而不是每一位群众都需要的服务项目。健身服务企业应该在条件允许的情况下，尽可能设置齐全的服务项目，满足不同消费者的需要，使消费者感到便利、舒适、温馨、安全，有一种宾至如归的感觉。

(四)卫生状况

卫生状况是指体育场地内外的干净、整洁、卫生程度。主要包括场地卫生、设施器材卫生、服务用品卫生以及服务人员的个人卫生。卫生状况反映健身服务的服务意识和管理水平。群众都愿意到卫生状况良好的体育场地观看比赛、参加锻炼或休闲娱乐,没有人愿意到池水浑浊的游泳馆游泳,或者到异味刺鼻的健身馆健身。所以增强服务意识,提高管理水平,保持体育场地内外良好的卫生状况,对于健身服务部门来说,同样是非常重要的事情。

(五)环境氛围服务

环境氛围是指健身服务部门向消费者提供服务的场地、场所给消费者的视觉感受和心理感受。环境氛围包括两方面:一是体育场地所处的地理位置和周围环境;二是体育场馆内部的环境状况。专业设施设备是否齐全完好,摆放布置是否美观合理,场馆内器材、用品是否干净卫生。

三、组织管理体制要素

居民组织管理体制是指群众体育管理体系与运行机制的总和。20世纪80年代以来,政企分开与权力下放,在经济体制改革领域,企业自主权的扩大和成为自主经营的经济实体,劳动、工资和社会保险三项制度改革;在社会福利领域,职业福利待遇与福利政策模式转变,社区服务业兴起与蓬勃发展,这些共同促进了城市社区发育与社区发展。随着资源配置结构的变化,社区群众体育治理结构也在发生着变化,即逐渐由传统的以政府行为为主的街居制向以政府指导帮助、社会和民间行为为主的社区制转变。

群众体育组织管理的原则。在管理过程中,原则是管理主体行为必须遵循的行为准则。群众体育管理的基本原则,即群众体育管理的主体活动的基本准则,群众体育是以满足群众的身心健康需求为主要目的的群众性健身活动,其管理原则应主要围绕实现这一目标来制定。具体来说,群众体育管理的基本原则如下。

(一)人本原则

群众体育的开展要以人为本,要把群众体育真正作为社区内广大居民群众的一项事业来抓,充分调动社区居民在群众健身活动和建设中的积极性、主动性和创造性,要确立社区居民有自主选择和自我发展权利的思想。从较低的目标来看,群众体育是要满足社区居民的多方面体育需求;从较高的目标来看,群众体育则是以追求"人的自由全面发展"为己任。因此群众体育管理过程中,应把满足社区居民的多方面体育需求作为开展社区各项健身活动的出发点和归宿点,因为群众体育的服务对象只能是社区内的居民群众。

(二)服务原则

群众体育是以满足社区成员的体育需求,增进群众的身心健康为主要目的的群众性健身活动。从本质上讲对这种健身活动的管理是非管制的,群众体育从产生开始,就是以提供服务为活动的主要形式,因而群众体育管理主要应立足于服务上。根据社区居民的体育需求,居民健身应充分利用社区资源,为社区成员提供公益性、福利性和互助性的服务。从当前情况看,群众健身服务主要包括场地设施服务、体育指导和咨询服务、健身活动计划服务和体育信息情报服务等。

(三)因地制宜原则

社区之间往往存在着较大的差异,因此,在群众体育管理中应坚持因地制宜原则。即各社区一定要以本社区的经济发展水平和本社区居民的实际需要为出发点,量力而行,制订出适合本地区的社区体育工作计划和群众健身活动内容。如在体育场地设施的利用方面,可采用这几种方式:①充分利用辖区单位已有的场地;②充分利用辖区的公园、广场;③充分利用辖区的江、河、湖岸及水域;④将辖区一切可利用的空地开辟成健身活动场地。

（四）自主性原则

群众体育是一种居民自愿、自主的健身活动，对这样一种健身活动的管理要以自主管理为主。社区内的各种体育组织均为自治性组织，群众应成为群众体育事务的管理者，承担群众体育的管理应充分发挥群众体育骨干及全体群众的积极性和主动性，采取各种激励措施激发居民的体育动机，提高居民的体育兴趣，以实现自主管理。①

四、城市社区居民健身服务体系的保障元素

体育设施是进行健身活动的场所，包括建筑物与空地，以及为健身活动所设置的设备的总称。体育设施是体育事业发展最基本的环境条件，群众体育设施是进行群众体育的场所。在各式各样的群众体育设施里，每个人都在寻找、挑选、修正与实践着自己的运动方式。体育场地设施的保障是制约群众体育开展的关键因素，为了满足群众的体育健康促进需要，应该从两方面加以重视与管理：第一，灵活运用现有的体育设施与场地，充分提高利用率；第二，要科学建设多层次、多功能、多元化的设施网络。

（一）城市社区居民健身服务体系的设施保障元素

1. 统筹规划，构建群众体育生活设施保障

依据现代城市群众健身活动的发展现状，体育设施应当满足群众日常生活、闲暇时间等的体育运动需要。因此，城市群众的健身活动设施主要围绕在社区层次中。

2. 构建完善的社区体育设施

在社区体育设施的建设中，要不断完善体育健身场所、社区公共场地以及社区健身中心、俱乐部等。

（1）建设完善的群众体育健身场所

体育健身场所是指建设在社区附近的户外体育运动设施，其占地面

---

① 徐磊. 城镇居民小区健身环境评价体系的构建[J]. 当代体育科技, 2020 (24)：204-206.

积一般较小,其中的设施建设简便易学,正是它所具备的这些方便、实用等优势,使得体育健身场所在群众的健身服务体系中发挥了重要的作用。具备户外特征的社区体育设施常受到人为因素、天气因素等损害,故要定期对这些体育设施进行更新和建设,确保体育设施的可持续利用。另外,社区体育设施的建设要严格遵照建筑安全和规划规定,在保证充足的预留共用场地基础上,增设和完善居民周边的体育运动设施,为群众锻炼活动提供便利的环境。

(2) 加强对社区公共场地的建设

为了弥补体育健身场所面积小、体育设施简单的不足,可加强对社区公共场地的建设,在面积相对较大的场地可以增设适合老年人、青少年、中年人等更多的健身人群的体育锻炼需求。可采取几种措施进行改进。首先,在城市规划和建设用地时,要充分考虑公共场地的预留问题;其次,在占地面积较大的体育健身场地,可适当地增设适合群众身体发展特征的体育器械,拓宽健身场地的功能和价值,这种拓展与优化方法还可以缓解目前城市土地紧张的现状;再次,政府部门可通过调控,使更多的企事业单位所属的体育设施对外开放;最后,下达相关政策,使群众尽量能够免费或最低消费地获得体育健身的需求。

3. 与社区卫生服务部门协同建设社区"健身康复中心"

在社区建设"健康康复中心",使得群众将体育健身、康复训练、娱乐休闲、卫生保健等活动融为一体,逐步完善适合群众体育健康的促进服务。体育设施的建设应当与社区卫生中心相结合,与老龄委等部门协同规划科学合理的"健身康复中心",并统筹管理和组织健身中心的发展,通过多部门的合作与管理,充分发挥出健身康复中心的功能,彰显出"中心"的最优化价值。

群众常见慢性疾病的康复必定成为社区卫生服务中心的重点服务内容,因此,联合社区卫生服务中心共同建设"健身康复中心"已发展成为当今建设体育中心服务的发展趋向。"健身康复中心"不仅对群众的身体健康具有促进作用,还为患有慢性疾病的群众的康复治疗提供了便利的锻炼环境,具有明显的促进效果,同时,也可以与社区卫生服务相结合,在社区体育建设中心设置群众健康评估、体检室、体育康复室等专业医疗部门，从而为群众进行科学的体育锻炼提供咨询与指导。

4. 充分开发体育设施的功能

若想更深一步发挥体育设施的功能，就需要在合理管理的基础上，进一步对群众常利用的健身路径、公园、社区、公共活动中心等场所的设施进行开发和改造，拓宽其建设范围，发挥其多元化功能，这是目前解决群众健身活动场地紧张的最佳方法。例如，群众对社区等健身器械的单一性训练内容感到枯燥，这在很大程度上消磨了群众的锻炼积极性，为了增添体育锻炼内容，可建设诸如乒乓球台、益智类等设施。另外，针对晚上进行健身活动的群众，应增设适当的照明设施，从而为体育健康服务创造更优越的环境，这些措施在一定的锻炼空间中开拓了更大的利用空间。最后，还可以通过政府调控政策，鼓励更多的企、事业单位对外开放体育设施资源，为群众的体育健康服务提供便利。

为了进一步促进体育设施的开放程度，地方政府可以对所属公共体育设施服务的机构采取相应的"购买服务"措施，为群众提供补助与便利。政府部门可以根据体育设施服务机构所承担的开放类别、项目、数量和时间来准确衡量成本经费，并由政府部门予以补助，这不仅促进体育设施的开放，还提高了服务质量。总之，随着现代生活水平和经济的逐步提高，国家和相关政府部门应该高度重视为居民健身服务提供更多的扶持，保证体育健康促进设施的逐渐完善。

（二）城市社区居民健身服务体系的资金保障元素

充裕的资金是保障群众体育健康促进体系的基础，关系到健康服务体系是否能正常运转，资金的保障特性是由现代经济社会所决定的。为了推广居民健身服务的发展，并充分利用社会的一切有利资源，就需要有充足的资金做基础。

一般来说，群众体育资金的来源保障分为直接投资和间接投资两个渠道。直接投资是指直接经济投资，如财政拨款、社会集资；间接投资是指没有资金的直流流动，而是政府通过制定和实施各种优惠政策，从而鼓励和促进社会各界对群众的关心与支持，发展群众体育。

群众体育资金的直接来源主要分为政府财政拨款和社会集资两

部分。

1. 直接投资

(1) 政府体育投资

政府体育投资包括中央政府体育投资与地方政府体育投资，国家投资是群众体育发展资金最主要、最直接的来源。随着社会的发展，政府的体育投资在国家预算中的比重将越来越大，呈上升趋势。

由于全国各地区经济、社会、文化发展不平衡，地区间体育的投入差距很大，经济发达省市地区的投入大幅超过经济欠发达或贫困地区，东部地区多于西部地区。经济上的投入直接影响到一个地区体育运动的发展水平。经济发展好、市场开放程度较高的地区，地方政府资金投入较多，群众体育组织自我造血能力也较强，群众体育开展较广泛。相比经济落后地区，有些地区甚至连温饱问题都没有解决，群众体育运动自然得不到重视。如此一来，地区间群众体育发展基础的差距会越来越明显，这将不利于体育运动的发展。因此，随着国民经济的发展，适时适量地增加体育经费，合理配置，是加快发展群众体育事业发展的必要条件之一。

(2) 社会体育投资

社会集资的主要途径包括居民消费、企业赞助、社会各界捐赠和资助、发行体育彩票、大力发展群众健身服务业、建立体育基金等。

①居民消费。居民体育消费指的是为满足居民个人生活和健身需要而耗费的体育物质产品、体育劳务产品和体育信息产品，它是大众生活的一个方面，是社会生产力发展到一定阶段的产物。经济的好坏、社会产品的丰富与否、人民物质生活水平的高低，直接影响着体育消费的发展，制约着体育消费的形式。

②体育赞助。体育赞助是指为体育赛事、运动队、公共体育场地或公益性健身活动等提供一定数额的现金、实物、技术或相关劳务等支持，赞助使体育与企业获得了双赢，赞助是合作双方各取所需、相得益彰之举。

③社会捐资。社会捐资是指个人、企业、社会团体对群众体育以资金或实物形式的捐赠与赠予。捐赠不同于赞助，捐赠是不附加任何回报

条件的无偿赠送。捐赠款项的单位数额一般不多，零星分散，但是在举办各种群众健身活动时，尤其在举办较大规模活动时，社会捐资仍是一种必要且重要的集资方式。

④体育彩票。发行体育彩票是国际流行做法，它是依靠群众筹集体育资金的有效途径，是走向体育市场投资多元化的一种形式。体育彩票的发行在很大程度上缓解了体育资金需求增长与国家投入不足的矛盾，正因为如此，运用发行彩票的方式吸收社会投资，弥补国家财力不足，推动体育事业发展，成为越来越多的国家普遍采取的措施。

2. 间接投资

政府对那些致力于推动和促进体育事业发展的社会力量（包括企事业单位、社会团体、个人等）实施经济优惠政策，如资金优惠、税收优惠、土地优惠、人才引进优惠等。政府提供各种优惠政策，调动和提高了社会力量对体育投资的积极性，从而拓宽了集资渠道，推动体育经费的来源渠道多元化发展。具体措施一般包括以下几个方面。

（1）贷款援助

贷款是银行信贷资金运用的主要形式，也是群众体育产业发展初期获得外部资金的主要方式。政府一般以贷款担保、贷款贴息、政府直接的优惠贷款等主要方式帮助群众体育经营机构获得贷款，为其提供启动资金。

（2）财政补贴

财政补贴是财政分配的一种特定形式。它是国家为了特定的目的，在经常性财政支出之外，对经济组织和劳动者所实行的一种临时性、局部性的补助支出。一般采用价格补贴和就业补贴两种形式。

①价格补贴。为了扶持群众体育的发展，使之有个良好的起步，价格补贴不失为一个良好的手段。体育场地、运动设施的建设需要一定的投资，经营者为了尽快收回投资或贷款，把消费费用定得较高，使普通消费者难以长期承受，这必然阻碍群众体育健康发展。如果政府在初期能够给予价格上的补贴，这样才能吸引更多的人去消费，从而带动群众体育发展。

②就业补贴。这种补贴方式是通过为员工提供上岗培训、社会体育

指导员资格培训等费用，对一些公益性的群众体育组织实施补贴。

(3) 税收优惠

税收优惠是最直接的资金援助方式，通常主要采用降低税率或减免税收的手段。在群众体育产业发展初期，国家采取降低和减免营业税、所得税的形式，能够鼓励更多的企业、个人参与群众体育产业经营开发，是一种有效的资金扶持手段。

(4) 其他公共政策

为了保障体育的投入，加快体育发展，政府制定了其他一些公共政策。例如，在城市社区建设中，对社区运动场所应达到的面积、群众健身运动场所的标准等进行规定，通过对经营决策做出某些限制，解决了社区居民运动场地建设、经营、管理和维护的问题；规定各级政府要把体育事业经费、体育基本建设资金列入本级财政预算和基本建设投资计划，此外有些省市规定各级财政对体育事业的资金投入，每年增长幅度应高于经常性财政支出的增长幅度。[①]

(三) 群众体育资金使用

健身计划在各级体育部门的体育经费中所占的比重在大幅度增加，群众体育运动受到重视。群众体育资金的使用一般分为两个部分。

1. 一般事业

包括负责群众体育运动的体育行政机关、各单项协会以及省市各单项协会人员工资、行政补助与事业费。

2. 特定事业

资金的使用主要分为场地、组织、活动三个环节。

(1) 建身边的场地

体育场地是群众从事体育健身活动的基本条件，近年来在改善群众健身活动条件方面做了大量工作，最直接的一个途径是建设"全民健身

---

① 毛俐亚，鞠国梁，毛思程. 社区居民科学健身信息服务平台的构建与实践 [J]. 成都工业学院学报，2016 (1)：101-104.

工程"。按项目种类、特色、人口和地区规模等大体分为四类：第一类是建设"全民健身路径"，包括以室外综合健身器材为主要内容的普通型"全民健身路径"和以运动项目为主体的专项型"全民健身路径"。第二类是建设"全民健身中心"，根据地域范围或人口数量可分为四个层次，即建居民小区级的"全民健身中心"、街道级的"全民健身中心"、市辖区级的"全民健身中心"和城市级的"全民健身广场""体育主题公园"等。第三类是建设"雪炭工程"。重点扶持西部地区、三峡库区、资源枯竭地区和大工业基地建设体育设施，推动这些地区体育事业的发展。第四类是建设"全民健身活动基地"。主要用于群众体育设施、西部雪炭工程的建设。

（2）抓身边的组织

体育组织是开展群众体育工作的保障，如何扩大和提高群众体育组织建设及其发展的规模和水平，是影响群众体育事业发展和构建群众健身服务体系的一个重要因素。群众工作中特别要加强遍布城乡、直接服务于群众的体育指导站点、晨晚练站点、社会体育指导员、群众体育组织（街道办事处）、群众体育俱乐部等的组织建设。

（3）搞身边的活动

离开"活动"，体育工作就失去了生命力。选取开展的项目一般要符合这几个基本条件：①覆盖面广，参与人数多；②已形成传统，定期开展，效果明显；③有一定的群众基础，影响力大，起到了一定的示范作用；④资金不足，采取社会资助的形式较困难。在开展群众健身活动方面重点搞好"四类活动"：第一类，搞好具有影响力、号召力、轰动效应的"品牌"活动。通过"品牌"活动，造声势、造影响，从而增强群众的健身意识，动员和吸引群众参与健身活动的目的。第二类，搞好具有特色的活动，如湖南省以湘江一带为纽带，组织的龙舟、划船等特色运动项目，此类活动目前主要由社会体育指导中心负责组织，市场培育较好，能够自给自足。第三类，搞好广场和公园健身活动。第四类，搞好民族民间传统健身活动。

（四）群众体育资金的分配

一滴墨水滴在宣纸上，墨印以滴入点呈圆形状铺开，离中心处越远墨印越淡。由于公共资源的有限性，政府公共投资就如同这个墨滴，不可能照顾社会的各个方面，如何合理地分配和使用有限的群众体育资源，最大限度地提高资金使用效益就成为关键的问题。

一般来讲，西方经济学中评价经济状态的标准有两个：一是公平；二是效率。而效率与公平之间通常存在着矛盾，讲公平就会降低效率，求效率就不能保证公平。公平和效率之间的冲突是我们最大的社会经济选择，它使我们在社会政策的众多方面遇到麻烦。公平对于群众体育来说，是保障全体群众能公平享受体育运动的基本权利。在效率与公平之间做权衡选择时，我们更多的是以分配合理化为原则，在相对公平的前提下追求较大的效率，或者在某一个既定公平目标的前提下，使效率上的损失最小。

在群众体育资源的分配与使用上，应该考虑到区域体育发展格局，从实际出发，梯度推进。鼓励经济发达地区率先进行群众体育现代化探索，抓住体育运动特色项目的有利时机，积极支持各地区和民族地区发展体育，同时给予欠发达地区和弱势人群更多的资金扶持。而对于那些经济基础好的地区与组织，更多给予政策支持，通过一些经济政策鼓励自我造血，自主推动群众体育运动发展。

第三节　城市社区居民健身服务运行体系的动力系统

动力是一切力量的来源，是推动工作、事业等前进和发展的力量。居民健身服务运行动力是引发并推动居民健身服务行为发生、发展的各项相对独立的要素所构成的相互联系、相互制约的合力系统。居民健身服务运行的动力系统包括基础动力层、核心动力层和环境动力层。

一、基础动力层：政府职能的转变

政府职能是政府在一定历史时期根据阶级斗争和社会发展需要而担负的职责和功能。即政府活动的基本方向、根本任务和主要作用不仅要有量的规定，而且要有质的规定，即完成某一职能所需的人、财物和时间的消费成本，以及是否对经济社会发展产生积极的效应。政府职能转变是上层建筑适应经济基础和生产力发展的客观要求。随着经济体制改革的深入，政府的管理方式由微观干预转向经济调节，由全能政府转向有限政府，由人治政府转向法治政府，由封闭政府转向透明政府，由行政控制转向政策引导，由强调管理转向强调服务。政府职能的转变使社会发展更加符合客观规律，使社会民主法制更加完善，使政府个别腐败行为得到有效控制，使整个社会向着更加健康、和谐的方向发展。[①]

服务型政府已成为各级政府的基本理念，关注民生、重视民生、保障民生、改善民生是政府的基本职责。各级政府群策群力，全心全意努力解决人民群众最关心的居民健身服务的各项问题。政府职能由管理型向服务型的过渡，使居民健身服务作为基本公共服务项目之一已受到各级政府的重视。居民健身服务应以公益、均等、便民为宗旨，以抓底线、广覆盖、可持续为原则，齐头并进发展竞技体育、学校体育、群众体育，为满足不同区域、不同阶层的公民需要办好事、服好务。

二、核心动力层：公民健身服务的需求

需要是在个体缺乏某种东西时产生的一种客观状态，它是客观需求的反映。人有物质的需要，亦有精神的需要；有生理的需要，亦有心理的需要。当人的需要具有某种特定的目标时，就会转化为动机。心理学

---

① 边静. 全民健身背景下城市社区体育服务体系构建研究 [J]. 当代体育科技，2023（33）：92—94.

第二章　城市社区居民健身服务运行体系的构建

家从需要、动机、行为三者的联系出发，把需要求得满足作为激励的研究内容，提出了各种"需要理论"。针对老年体育价值观的问题提出，马斯洛的"需要层次理论"对此就有较好的解释。该理论认为，人类的需要多种多样，可以归纳为五大类，并且可以从低向高划分为不同的需要层次，依次为：生理需要、安全需要、爱和归属需要、尊重需要和自我实现需要

随着年龄的增加，老年人各种生理功能都有所减退，表现出一定的老化现象，如脑细胞会逐渐发生萎缩并减少，导致精神活动减弱，反应迟钝，记忆力减退，尤其在近期记忆方面。视力及听力也逐渐减退。皮肤会出现老年斑、毛发变白并减少。由于骨骼和肌肉系统功能减退，运动能力也随之降低。针对老年人各种生理、心理功能减退的特点而言，体育带给老年人基础健身、娱乐休闲、延缓衰老等锻炼价值，这些功能已被老年人广泛认可。人们对安全的需要，不仅限于对自己身体的保护，还表现为对自己的财产、收入、名誉等方面的保护。希望有一个安定的社会环境和安全稳定的家庭。只有经常参加体育锻炼才能保障自身的生命安全，才能保证幸福的个体生活，才能为家庭、子女、后代，甚至国家带来更多的利益；另外，这也是社会适应的需要。老年人在退休后，会重新面临适应社会的需求和压力，需要及时调整自己的心态，增加自己的社交能力，处理好各类人际关系，主动地适应环境。体育活动的开展为老年人之间的沟通与交流搭建了广阔的平台，健身的同时提高了社会适应能力，何乐而不为呢？不少老年人家务事太多，忽视了娱乐和休闲，这样会影响自身健康，有的甚至未老先衰，容易患各种不同类型的疾病。所以老年人多参与各种娱乐和体育活动，对放松神经、消除紧张、保持身心健康都是有帮助的。在老年人基本需要得到满足之后，对体育锻炼的要求就会变得强烈，这也就是老年人在不同年龄段的体育锻炼群体中占据较大比例的原因。在老年人的自我实现价值方面体育运动表现出较强的功能，经常参加体育锻炼的老年人，身体素质得到很大

程度的提高,并且重新找到自信、活力,发现了人生的价值,甚至在愉悦的生活中实现了自我发展的巅峰。[①]

随着我国科学技术的发展、社会的不断进步,人们低层次的需要已基本得到满足,生活富足的情况下对精神生活的追求和向往不断增强,高层次的需求正在逐步扩大。而体育的自我实现功能恰恰能够满足人们该时期的高层次需求。因此,人们对居民健身服务的需求成为居民健身服务运行动力系统的核心动力。

三、环境动力层:国家各项事业的发展

(一)政策支持

伴随着社会和经济的迅速发展,人们对健康的认识和观念也随之发生巨大的变化,人们比以往任何时候都更加关注健康、积极地投资健康、追求健康,同时也尽情地享受健康给自身带来的无限欢乐和幸福。社会环境对于体育发展所起的作用是重大的,国家政策对体育的发展具有导向作用。国家各项事业的发展成为居民健身服务发展的政策背景,为居民健身服务的发展带来了契机,是居民健身服务有效运行的环境动力之一。

(二)经济发展

经济发展是居民健身服务运行的动力。第一,经济发展因素是规划、实施公共服务的基本出发点。第二,经济环境因素是公共服务过程运行的必要条件。第三,经济环境因素会影响公共服务的目标和方向。因此,经济的发展状况是公共服务运行的动力之一。而居民健身服务亦不例外,体育场地设施建设、体育咨询信息提供、体育健身指导服务等均要根据经济发展状况进行具体的规划与实施。经济的快速发展是居民健身服务运行的环境动力之一。

---

① 王峰. 我国老年人体育服务与健身研究[M]. 长春:吉林人民出版社,2020.

(三) 文化繁荣

第一，文化影响公共服务设施系统的稳定性。公共服务实施系统的存在与发展需要与之相适应的文化作为价值取向和心理基础。第二，文化影响公共服务实施模式的选择。公共服务实施模式指的是服务供给主体根据公共服务规划所采取的实施程序和实施方式、方法、措施等的总和。第三，文化影响公共服务实施的效果。

伴随着整个文化大环境的变化，人们的思想、观念、意识也在发生着变化。人们对美的追求、对时尚的理解、对身心的和谐、对尊重的需要、对自我实现的渴望等构成了其参与居民健身服务的动机，因此，文化的繁荣发展亦是居民健身服务运行的动力之一。

第三章 城市社区居民健身活动的组织与管理

第一节 城市社区居民健身活动组织与管理的基本原则与意义

社区体育是指以基层社区为区域范围,以辖区内的自然环境和体育设施为物质基础,以社区居民为主体,以满足社区居民的体育需求、增进社区感情为主要目的,就地就近开展的区域性体育活动。社区体育由社区居民、体育组织、社区活动、体育场地设施、体育经费、体育指导员等要素构成。社区体育工作的主要任务是:采用多种方式,发动、引导、组织社区居民开展经常性的体育健身活动,提供门类众多的体育服务,提高社区居民身心健康水平和生活质量,建立文明、健康、科学的社区生活。[①]

一、居民健身活动组织与管理的基本原则

(一)指令性管理与指导性管理相结合的原则

指令是指国家及群众团体组织颁布的关于体育健身活动的法规、条例、规章、制度等,是各部门、各行业、各群众组织必须予以执行的各项内容。国家开展体育健身活动工作,都需要有指令性的法规、条例、规章、制度等,如学校体育作为体育的战略重点,要贯彻党的教育方针,但在开展学校体育工作中,往往会遇到许多矛盾和问题,因此需要

[①] 宫彩燕. 全民健身体系研究 [M]. 长春:吉林人民出版社,2020.

制定指令性文件，以利于学校体育的开展。

指令性文件的落实，也需要采用指导性的方式予以结合。指导是指国家体育总局和省、区、市体育行政部门，作为政府主管体育工作的职能部门，代表国家对各行业、各部门、各群众组织的体育健身活动工作，实施领导、协调和监督的职能。体育健身活动管理中，离不开指令性与指导性管理方式的结合，这是体育健身活动管理的一项重要原则。

（二）定性管理与定量管理相结合的原则

所谓定性管理就是对体育健身活动工作实施原则性和号召性的管理。这种管理原则，对我国体育健身活动的发展，起到了一定的推动作用。但是，定性管理的弊病在于，由于对各项工作管理，只是原则性和号召性，缺乏定量指标要求，因此就缺乏积极性和竞争性。很容易使体育健身活动工作变成说起来重要，做起来次要，忙起来不要的工作。随着体育的深化改革，将竞争机制引入了体育健身活动工作之中。根据体育健身活动的发展规划，结合当前的实际情况，把体育健身活动的各项工作，以量化要求，进行量化管理，这就是定性与定量相结合的管理原则。定性管理与定量管理相结合的原则，是推动体育健身活动工作的有力措施。

（三）纵向管理与横向管理相结合的原则

体育健身活动的纵向管理是指按条条分系统地管理。横向管理是指体育行政部门对各部门、各行业、各体育健身活动组织的管理。纵向与横向相结合的管理，是条块结合的管理，以条条促块块，用块块促条条，是相互关联，相互促进的管理工作。纵向管理与横向管理相结合的原则是在体育健身活动社会化的形势下，从体育健身活动工作实践中总结出来的一个管理原则。

体育健身活动管理要突破纵向，即突破其过分集中于国家体育部门办的弊端，形成社会办体育之路。打开横向，主要是推动各部门办体育，使各部门把体育协会成立起来，把部门体育抓起来。纵向管理与横向管理相结合的原则,是实现体育社会化、产业化、生活化发展的重要保证。

(四)合作性原则

社区体育具有明显的过渡性特点,即具有单位体育与社区体育的双重特点,我们称为区域性单位体育与居民体育的联合体。这种联合体无论是参与的主体、场地设施的共用、体育经费和体育骨干的来源,还是体育活动的组织等在短时间内都分不开,因此合作性原则在社区体育管理中十分重要。社区体育的领导机构、街道社区体协与辖区各单位工会、体育协会之间互相协作、共同受益,是当前满足职工体育需求,减轻企事业单位负担,弥补社区体育资源不足,搞好社区体育工作的保证。

(五)兼顾性原则

社区体育活动的主体是全体社区居民。它包括不同年龄、不同性别、不同健康状况、不同体育需求、不同体育基础、不同职业、不同工作时间、不同经济状况的各种人群。为了尽可能满足全体居民的体育需求,在社区体育管理中要力求做到兼顾大多数人的需要。例如,寒暑假重点组织青少年的体育活动,日常组织中老年人的体育活动,周末组织在职人员的体育活动,节日组织各类人群参加的综合性体育活动,等等。①

(六)激励性原则

社区体育是人们自觉、自愿参加的活动,居民的体育兴趣、体育积极性十分重要。因此,在社区体育管理中,通过宣传,营造氛围来激发人们的体育动机;通过开展娱乐性、趣味性、竞争性较强的日常体育活动和体育竞赛,来提高居民的体育兴趣;通过表彰、奖励体育优胜集体和个人、体育活动积极分子,树立体育典型等方式,激励和调动人们更

---

① 王哲. 全民健身背景下青少年体质健康与促进研究 [M]. 长春:吉林人民出版社,2021.

加积极地参加体育活动。

二、社区体育发展的动因

(一) 体制改革呼唤社区体育发展

管理体制改革使政府职能转变为统筹规划、政策引导、组织协调、提供服务、调查研究，充分利用行政、法律、经济等手段，建立多种多样的调控机制。这种由微观管理向宏观调控的转变，权力下放，充分发挥社会办体育的积极性，使社区社会自治管理成为可能，从而推动了社区体育组织的形成。经济体制改革，使以政治利益为主的运作机制向以需求满足为主的运作机制转化。这种由计划经济向市场经济的转变，使社会服务成为社会生活的重要方式，从而促进社区体育服务的全面发展。

伴随着经济的发展，社会成员固定地从属于一定社会组织的管理体制已被打破，单位体制逐渐衰落，促使全方位依赖工作单位生活的"单位人"向"社会人"转变。越来越多的人不再完全靠单位来解决生活需求问题，社区越来越成为人们的主要活动基地。国有企业深化改革、转换经营机制和政府机构改革、转变职能，企业剥离的社会职能和政府转移出来的服务职能，大部分需要城市社区来承接。经济类型的多元化以及人口的老龄化，促使游离于单位以外的居民不断增多。他们体质的提高和健康管理更加依赖于社区体育的开展，这样客观上就要求社区进一步发展体育服务、健康管理，强化教育、培训功能，推动了社区体育向纵深发展。

(二) 生活方式与健康观念变化

生活方式是人们在客观条件的制约下形成的活动形式和行为特点，生活活动的典型和总体特征，是社会整体结构及其运行状况具体的反映形式。20世纪是人类文明发展史上的一个重要时期，是科学技术大发展的世纪。现代科学技术改变着我们的世界，改变着我们的生活空间，引领着人类生活方式的变化。这些变革给我们带来了许多的便利和社会参与的机会,同时,也给我们的生活带来了种种烦恼和危机。"灰色健康""营养过剩""运动不足""机能退化""高度紧张",这五大"健康杀手"接踵而至。"文明疾病"广泛蔓延,威胁着人们的健康生活。随着社会发展,人们已逐渐认识到参加体育锻炼是防治"文明病"最积极、最有效、最方便的方法与手段。"花钱治病不如花钱防病""到体育馆中去消除疲劳""请吃饭不如请流汗"等观念日益深入人心。生活方式与健康观念的变化已成为社区居民参与社区体育活动的内在动力。社区居民对健康的追求,推动着社区体育的持续发展。

三、发展社区体育的现实意义

社区体育是社会公益事业的一部分,目的是解决本辖区居民的健身娱乐等方面的问题,满足社区居民的体育需求。搞好社区体育服务对促进社区发展具有深远的意义。

(一)发展社区体育有利于推动社会转型

经济的发展,单位体制淡化,依赖工作单位生活的"单位人"向"社会人"转变。越来越多的人依靠市场和社区,而不再完全靠单位来解决生活需求问题,社区成为人们的主要活动阵地。随着生活方式与健康观念的变化,人们对体育的需求日益增长,健身娱乐已成为社区居民生活内容的组成部分。这些变化要求基层社区发挥体育整合、体育服务和体育管理功能,建设和发展社区体育。另外,市场经济的发展和经济类型的多元化以及人口的老龄化,游离于单位以外的自谋职业者增多,他们体质的提高和健康管理更加依赖社区体育的发展。这样,客观上就要求社区进一步发展体育服务。

(二)发展社区体育有利于提高生活质量

随着综合国力的增强和生活水平的不断提高,居民的生活逐步从"温饱型"向"小康型"转化。社区通过推广科学健康的健身项目,组织丰富多彩的体育活动,提供优质周到的体育服务,让社区居民在参与社区体育活动中,在享受积极向上的文化娱乐生活中逐步养成良好的生活习惯,形成科学文明的生活方式,不断提高社区居民的生活质量。

(三)发展社区体育有利于改善人际关系

社区体育是以自愿、自由、自主的形式开展活动,它以轻松愉快、平等自由的方式为社区居民提供社交场合。体育活动讲求民主、平等、公正、协作等精神,加上轻松愉快的活动方式,有利于成员间的人际交往。人们通过交往相互了解,通过协作产生信赖和亲密关系。另外,社区体育活动,使参与者特别是青少年体会、学习到体育价值、道德规范和行为方式,并逐渐将其升华为具有社会价值的道德规范和行为方式,不仅有利于形成适应社会的个性特点,也有利于社区居民间形成良好的人际关系。

(四)发展社区体育有利于增强认同意识

对社区的关心和认同意识是促进社区繁荣与发展的基本条件。认同意识的建立,需有两个条件:一是共同的利益;二是归属感。社区居民为了自身的健康利益掺杂社区体育活动,并在体育活动中逐步关心起与体育活动有关的社区公共设施、绿化、公共卫生以及社区服务等问题。因共同利益产生共鸣,并因交流逐步取得一致意见,达成共识。这样多次反复,居民们的共同意识感就越来越强烈,最终会付诸共同的行动,表现出居民的凝聚力。此外,社区体育活动的开展,都是通过各类社区体育组织进行的,居民们参加社区体育组织,参与社区体育活动,从中获益,因而加强了居民对组织和社区的归属感。这种强烈的归属感,使其感到有责任、有义务为社区发展贡献自己的力量。总之,通过社区体育活动,可加强联系,融洽感情,从而促使社区居民更加关心社区发展,共同为社区的繁荣昌盛做贡献。

(五)发展社区体育有利于完善社区服务

社区体育是社区服务的内容之一。社区体育的核心是满足社区居民的体育需求，社区体育服务是满足这种需求的主要途径。过去的社区服务主要集中在社区居民饮食起居的便民、利民服务，随着体制改革和社区建设的发展，社区服务的内容不断扩大，教育、卫生、体育、治安等服务体系也相继建立。社区体育随着社区居民健康需求的不断增加而备受关注。近年来社区体育在健身休闲服务方面也下了不少功夫，许多社区开设健身房、双休日学校、周末俱乐部、舞厅、活动中心等，组织各种趣味体育活动，满足了社区居民对休闲娱乐的需求。随着城市现代化发展和住房条件的改善，家中老人或孩子的孤独感很强烈，需通过一定的社交活动来改变，社区体育就是一种较好的社交活动。总之，社区体育的功能对满足社区居民生活需求有重要意义，对完善社区服务，方便居民生活，促进社区发展有积极的作用。

（六）发展社区体育有利于推动居民健身活动发展

社区作为精神文明建设和居民健身计划实施的载体，对我国社会体制改革和体育事业发展有极为重要的意义。社区是社会发展和体育事业发展的基本点，社区建设是社会发展的重点。而作为社区建设重要组成部分的社区体育，理所当然地成为居民健身活动的主要途径。社区体育为居民健身工程提供良好环境和条件，居民健身工程为社区体育创造条件。两项工作相辅相成，相得益彰。社区作为人们生活的基本点，是实施居民健身计划的"根据地"。

第二节 城市社区居民健身活动组织与管理的基本方法

一、行政方法

行政方法是指按照一定的职权范围，下达指令直接指挥管理对象的方法。它的核心是用非经济手段指挥下属的活动。在实行行政方法时，下达指令的方式包括命令、指令、条例、规定、通知和指令性计划等。应用行政方法要有一定的条件,即指令的目标性、科学性和权威性。目标性是指行政指令一定要符合管理目标,在社会体育工作中,由于管理目标具有多样性,因此在应用行政方法时,一定要慎重,不要使指令违背管理目标;科学性是指行政指令要实事求是,要经过科学的调查研究;行政管理中,应注意管理者是否具有权威性。因为行政指令被接受和执行的程度取决于管理组织者和管理者的权威,权威越高,指令被接受和执行的效率越高,反之效率越低。[1]

二、法律方法

法律方法是指利用各种法规、法令有效地规范和调整体育健身活动中各种关系的方法。由于群众体育是由不同地区、不同行业、不同系统的人们组成的复杂系统,体育健身活动中存在许多矛盾,形成了非常复杂的社会关系。因此有必要建立在整个国家范围内强制人们遵守的社会行为规范,这就是国家的法律法规。用法律的方法进行管理时,常常采用合同的方式。合同是通过协商约定各自权利义务等具有法律约束力的文件。在体育健身活动管理中,各体育组织之间,体育管理者和体育活动的参与者之间都可以合同的方式规定各自的权利和义务,以做到有章可循,各司其职。

三、经济方法

经济方法是指使用经济的手段,利用经济利益的后果,影响和控制被管理者的方法。采用经济的方法进行管理时,可以采用拨款、投资、赞助、奖金、罚款等经济手段和经济责任制、承包制、招标制等经济制度。采用经济的方法进行管理,要特别注意不能脱离主要的管理目标,还应注意不要忽略社会效益。实际上,只有当满足了人们的体育需求

---

[1] 潘丽英. 全民健身服务体系构建与运动方法研究 [M]. 北京:新华出版社,2018.

时，体育健身活动才有经济效益可言。

四、宣传方法

宣传方法是进行体育健身活动管理的一个重要方法。体育健身活动以人们自愿参加为主，通过有效宣传，可以加强人们对体育的理解，使他们自觉、自愿地投身到体育活动中来。宣传可以采用各种不同的形式，除了大量的口头宣传外，还有广播、壁报等。在有条件时，应该争取向报刊、电台投稿；在举行大型活动时，还可以争取电视台转播。

五、社会调查法

社会调查法是指运用各种社会调查形式，及时掌握体育健身与娱乐活动中的信息，正确制订和调整计划，保证体育健身与娱乐目标实现的方法。社会调查法的形式较多，主要有全面调查、专题调查、个别访问、问卷调查、民意测验、社会统计等。社会调查的内容一般包括：经常参加体育锻炼的人数、社会体育场地设施的现状与分布、经费来源与使用、活动时间的分配与安排、活动内容的选择与分布、群众的体质和健康状况、影响体育健身与娱乐开展的因素等。

六、评比竞赛法

运动竞赛对体育健身与娱乐有明显的刺激作用，只要使用得当，它就是推动群众体育开展的一个低成本、见效快的办法。组织体育健身与娱乐的竞赛时，竞赛与平时锻炼应相结合，以赛促练，做到体育健身与娱乐经常化、竞赛方式要机动灵活及简便易行，做到有利于体育健身与娱乐的广泛开展。加强赛风、赛纪教育，防止伤害事故的发生。竞赛项目选择和规模的确定要符合当地的条件，符合群众水平。

七、典型引导法

运用体育健身与娱乐中先进典型的榜样作用对推动体育健身与娱乐

的开展十分有效。在运用典型引导法时需注意的是：①代表性。典型的选择不能局限在少数基础好的单位和个人，须有广泛代表性才有说服力。②多样性。可于不同年龄、不同性别、不同单位、不同层次、不同职业、不同产业中选择多种多样的典型，发挥典型的多方面的作用。③可行性。典型要从实际出发，具有可借鉴的意义。④真实性。典型材料须真实可靠，才具有生命力。

第三节　城市社区居民健身活动的决策与计划

一、体育健身活动的决策

（一）决策在体育健身活动中的意义

体育健身活动的决策是指对体育健身活动的方向、目标、原则和方法所做的决定。诺贝尔经济学奖获得者曾说，管理就是决策。非常明确地表达了决策的重要性，因此，可以毫不夸张地说，决策就是管理的核心。

体育健身活动的组织与管理是一项涉及诸多因素相互作用与影响的系统工程。为协调好系统内部及系统内部与外部环境之间的关系，有效地配置体育健身活动的资源，为体育健身活动创造良好的内外部环境，就必须对任何一项未来的实践活动进行正确的判断与决定，这就是决策的过程。

（二）体育健身活动决策的类型

1. 按决策的重要程度和影响效果分类

可分为战略决策和策略决策。战略决策是影响体育健身活动管理总体发展的全局性决策，其特点是立足全局，着眼未来，具有宏观性；策略决策是指在日常管理工作中,对局部问题进行的决策。它比战略决策要具体,是实现战略决策的手段。

2. 按决策性质分类

可分为确定型决策、不确定型决策和风险型决策。确定型决策是指影响决策问题的主要因素是可以确定的,并且决策问题与影响因素之间具有确定性的关系,根据目标可以做出肯定选择的决策;不确定型决策是指每一可行方案可能出现几种不同后果,究竟属于何种后果是未知的,决策的结果基本上靠主观上的判断;风险型决策是指虽然每一可行的方案仍可能出现几种不同的后果,但每一种后果出现的概率是已知的或可确定的,这类决策可以通过一定的决策技术进行。由于后者是随机的,所以决策本身存在风险。

3. 按决策的重复程度分类

可分为常规型决策和非常规型决策。常规型决策是指经常重复出现的例行决策,是可以按照常规方式进行的有章可循的决策;非常规型决策是指首次出现或偶然发生的非重复决策,是不能按常规方法进行的无章可循的决策。

4. 按决策目标多少分类

可分为单目标决策和多目标决策。决策目标是决策所期望达到的结果,是衡量各个行动方案优劣的依据。单目标决策是指决策中只有一个决策目标;多目标决策是指决策中有两个或两个以上的决策目标。

(三)体育健身活动决策的基本步骤

决策步骤一般认为有六个程序,且是一个动态的连续过程。

1. 决策目标

在许多决策问题中,目标往往不止一个。因此,对目标的确定要进行科学的分析,主次恰当、统筹兼顾。确定决策目标,需要解决三个问题:需要解决与现实之间的差距问题;是否已经具有时间上的紧迫性问题;是不是力所能及解决的问题。并且要做好的工作有:深入调查,尽可能全面、准确地掌握有关资料;分析比较调查的情况,找出差距;对差距进行分类排队,明确轻重主次;预测主要差距的各种关系及发展趋势;把解决主要差距所需要的客观条件同实际存在的客观条件进行对比,根据现实的可能性对决策目标提出约束条件,规定决策目标所要达到的边界;最后还要组织专家进行论证。

2. 收集资料

没有一定的资料既不能为决策做出定性分析,也不能做出定量分析,因而必须占有必要的资料。资料来源可以从实际统计和调查中获得,也可以通过预测技术预测。

(1)对资料的要求是广泛的。凡与目标有关的资料,不论是直接的还是间接的,都要尽可能收集。

(2)客观性。资料必须客观地记载对象、时间、地点和数量,对于数据资料还应具有连续性和准确性。

(3)加工整理科学性。对于收集到的资料必须采用科学的方法进行加工整理,加工整理时必须考虑时间顺序、因果关系和逻辑关系,也可采用分层、矩阵形式和图表形式整理归档。对那些难以确切做出结论的资料,可以通过专家分析估计。

3. 制定方案

任何目标都可能存在多种实施方案和手段。因此,在收集资料的基础上,拟定出多种备选方案。制定备选方案时应满足几个要求。

(1)整体详尽性。备选方案应把所有可能的方案饱览无遗。

(2)相互排斥性。不同方案之间必须有原则性区别,不得使甲方案的行动措施包括在乙方案之中,或者两个方案是解决同一问题的两个因素。

(3)方案可比性。每一个方案都应根据已确定的约束条件和评价准则及指标体系,用确切的定量数据反映方案的效果,以便比较选择。

4. 方案选择

这是决策的关键环节,是决策者进行决断的阶段,决策者通过分析评估,从备选方案中选取其一,或综合其一,选择出满意方案。

选择方案时,通常要根据数据反映的效果作为选择标准。但是,必须强调指出,数据反映出来的效果有时不一定是唯一的选择标准。因为任何决策都不可能简单地根据数据所反映的效果进行决断,还必须依靠决策者的知识、才能和经验进行选择或判断。特别是对风险型决策,效果好的决策往往恰是风险较大的决策,因此,在方案选择时对数据应持慎重态度,必须在对管理系统内外环境充分分析的基础上进行决断。

进行方案选择时,决策者应对以下三个问题加以注意。

(1) 必须正确处理好与专家的关系。不依靠专家的决策者不会是一个好的决策者;反之,为专家所左右的决策者也不是一个好的决策者。

(2) 决策者必须用战略的、系统的观点,遵循已确定的评价准则和指标体系对方案进行谈判。

(3) 决策者必须清醒地认识到自己的素质对决策后果的倾向性和偏爱程度可能带来的影响。因此,决策者必须通过长期的决策活动来培养自己正确的决策能力。

5. 实施决策

决策在于付诸实施,有时为了验证方案可行性和可靠性,在方案选定以后,需要进行一些局部的试验。试验条件的选择原则如下:

(1) 选点不能特殊和优厚,必须选择具有实施方案的典型性,并严格按决策方案实施。

(2) 另选一条件相同的"对照点",以便从试验中得出科学的结论。

(3) 必要时,为避免人为的干扰,还可以设置"盲试点"。

(4) 验证可行时,即可进入实施阶段,如果不可行,则应进行决策修正。

6. 追踪检查

由于决策是一个动态过程,为了对实施的结果进行总结检查,找出不能达到预期目标的原因,分析和提出相应的对策,乃至根据原因修正决策,就需要对决策实施情况进行检查。所谓追踪检查,是把实施方案与实际执行情况进行对比分析,及时研究未能达到预期效果的原因,并采取相应的对策,可见追踪检查是决策动态过程的反映。

(四)体育健身活动的决策方法

体育健身活动决策的方法可分为两大类:一类是定性决策法;另一类是定量决策法。

定性决策法是指直接利用人们的知识、经验和能力,在决策中利用已知的情报和资料,定性对方案做出评价和选择。它适用于受社会影响因素较大、所含因素错综复杂的综合性战略问题决策。这种方法应用起来省时省力、灵活简便,但缺乏严格论证,主观成分多。定性决策方法的形式有很多,常见的如下。

1. 特尔菲法

特尔菲法是一种向专家进行调查,通过多次反馈收集决策判断的方法。其优点是能充分听取各专家独立思考的意见,避免了相互干扰,不足之处在于专家互不接触,对不同意见的问题难以得到讨论、澄清。

2. 头脑风暴法

头脑风暴法是美国著名创造工程奠基者奥斯本发明的一种智力激励法。它以召集会议的形式,让与会者相互启发,把他们对问题的主张集聚起来作为依据去解决问题。它以集思广益的方式,在一定时间内产生各种主意,主意越多,获得解决问题方案的机会就越多。

3. 对演法

对演法也是用召开会议的形式解决问题。它的特点是会议上有几个不同观点的小组,这些小组各抒己见,在会议上展开辩论,互攻其短,辩己之长。这样可以充分暴露矛盾,充分展示各种方案的优缺点,暴露出各种方案的片面性,便于综合出最优的解决问题的方案。这种方法在遇到风险型决策时具有较大的优越性。

定量决策方法是建立在数学方法基础上的一系列决策方法。它是把决策变量之间的关系用数学模型表示出来,然后根据决策条件,通过计算求得决策方案评价的依据。定量决策方案具有严格的数学论证,在决策所依据的资料充足、可靠的条件下,具有很高准确性。应用数学模型进行管理决策,必须经过确定问题并使之结构化,建立模型、模型求解、检验解法、建立控制、贯彻解法等步骤。常用的数学模型有:①规则模型。它是研究如何将有限的人力、物资、设备、资金等资源最恰当、最有效地分配给有关的各项活动的模型,包括线性规划、非线性规划、整数规划和动态规划等模型。②投入产出模型。它是用于综合平衡的一种方法。③预测模型。它包括直观预测模型、外推预测模型和回归预测模型。

此外,用于解决风险型决策问题的方法有决策树方法、贝叶斯方法、效用值准则法等。用于解决不确定性问题的决策方法有悲观法、乐观法、乐观系数法、最小后悔值法等。①

二、体育健身活动的计划

(一)体育健身活动计划的内容

体育健身活动计划一般包含以下内容。

1. 指导思想。根据国家和政府的中心工作,体育健身活动的方针政策,提出体育健身活动管理工作的重点和争取达到的总目标。

2. 目标要求。依据计划指导思想和总目标,提出具体的目标要求。

3. 计划任务安排。它包括体育健身活动组织与管理工作中对各项事务的安排及筹划。

4. 具体措施。为了完成各项任务、活动,落实计划安排,必须从实际出发,有针对性地采取各种措施和手段。

5. 经费和物质保障。

(二)制订体育健身活动组织与管理计划的步骤

制订体育健身活动组织与管理计划有以下几个步骤。

---

① 张健. 城市健身环境与居民体育活动的研究[M]. 北京:北京体育大学出版社,2023.

1. 确定目标

目标是未来行动的出发点和归宿点，是制订计划的前提。目标应该尽量准确，通常由数量指标和质量标准来表示。在确定目标时应该注意以下原则。

（1）先进合理性原则。目标不能太高也不能太低，要制定得恰如其分，应尽可能使目标既具有挑战性和激励性，同时又是通过努力可以实现的。

（2）可检验性原则。即制定的目标应是清晰明了，可以检验的。这就要求在制定目标时，尽可能使用一些明确的数量指标来表示，有些指标无法直接用数量来表示，可以借助一些间接的指标来表示。

2. 分析环境

环境条件具体包括：社会政治经济条件、教育科技水平、社会文化心理、民族传统习惯、人口与自然资源、体育事业的发展水平等。只有了解了计划执行时期的预期环境，即计划实施的假设条件，才能使计划目标符合实情，才能充分利用一切可能利用的有利条件，发挥优势，并把各种不利的限制条件转化为无害条件和有利条件。

3. 提出方案

一个计划制订之前，必须有几个可供选择的方案拿出来以供选择。因此，备选方案的质量在很大程度上影响决策的质量。为了保证备选方案的质量，首先，要以确定地掌握准确的目标为中心，避免备选方案偏离目标而无的放矢；其次，应了解有多少条道路可以奔向目标，从中选择距离最短、障碍最少的捷径；最后，要运用系统的观点，对备选方案进行精心设计，使之成为经得起推敲的、内部均衡协调的人工封闭系统。

4. 确定方案

首先，提出来几个可行的备选方案；其次，就要运用优选决策法，采用经验判断、数学分析等定性和定量决策方法，仔细分析各个方案的优劣；再次，根据已确定的计划目标和可能提供的环境条件，来权衡各种计划因素和评价比较各个备选方案，对备选方案经过一番科学的论证和比较；最后，再做出审慎的决断，从备选方案中选择出较为理想的方案，加以不断地补充完善。在现实中，决策方案的选择往往采取相对满意的标准。

5. 编报计划

首先，上一级体育健身活动管理部门在调查研究、听取各方面意见和初步平衡的基础上制定和下达控制数字。各地区、各部门根据上级机关下达的控制数字，结合本地区、本部门的具体情况组织编制计划草案。其次，逐级上报上级决策机关。由最高决策机构最后进行汇总和综合评价，制订出指导全局的计划草案。最后，报请有关部门审定，经主管部门审批后，作为正式计划文件下达给各部门、各地区和基层单位贯彻实施。

第四节 城市社区居民健身活动的组织与控制

一、体育健身活动的组织

体育健身活动的组织是指为了有效地实现体育健身活动的既定目标，各级体育健身活动组织机构通过确定各自的工作职责、权限，协调相互关系，促使体育健身活动资源合理配置，达到系统功能效益最佳的活动过程。因此，体育健身活动管理的组织实质上是对体育健身活动的组织实施过程。人、财、物、时间、信息等都是体育健身活动管理的重要资源，各级体育健身活动组织按组织实体规定的工作程序和规范，对这些资源有效配置，实现体育健身活动管理的最终目标。各级体育健身活动组织在其工作实施过程中，要涉及以下几项内容。

（一）配备人员

对组织系统内部的人力进行统筹安排，就是配备人员的过程。配备人员的总体要求是：从目标任务出发，考虑需要与可能，择优选用，精简经济，配备人员包括数量配备和质量配备。前者是从数量上满足既定工作任务对人力的需要，解决配备多少人的问题，要注意以各类工作人员的工作定额为计算基础，各类工作人员的配备数量等于各自承担的工作总量与工作定额之比；掌握任务、人、财、物之间比例关系的规律；人员配备数量的多少要以不同地区具有代表性的平均数为准；同时还要注意照顾不同地区的情况，做到区别对待。后者则是要从质量上保证所配备的人员能充分胜任工作任务，解决配备什么样的人的问题。质量配备要从人员素质的个体结构和群体结构两个方面进行优化配备。[①]

（二）建立工作规范

建立工作规范是管理组织优化运行的基本保证。在体育健身活动管理的组织实施过程中，最重要的是建立各类岗位职责、工作流程、考核与奖惩制度等。

制定各部门的基本职责及其工作范围。基本职责就是所承担的任务，工作范围即所管辖的界限。在将目标计划分解落实到各部门的基础上，制定出各部门的责任制，使其有所归，并收到分工合作之效。各部门要积极创造条件，尽力履行自己的职责，完成自己的使命，不推给上级和其他部门，在明确职责的同时，必须规定其相应的权力，使之权责相配。

各部门的任务和责任分解到每个岗位，就形成了每个岗位必须履行的责任，每个人在组织内所处的地位与作用不同，应负的责任大小也不同。岗位责任制是根据每个人的职责范围与分工，从上到下一层层建立起来的，最终落实到每个人。组织中每个人的责任的总和就构成了组织活动的全部。

对各项工作制定衡量标准，明确规定完成的数量、质量以及完成的时间等，有助于进行执行与考核。

有了工作职责、岗位责任和标准，还必须有严格有效的考核与奖惩

---

① 于勇．运动锻炼与健身研究［M］．北京：九州出版社，2018．

制度，如此才能及时全面地了解职责与规定的执行情况，实现对组织活动的有效控制。

（三）授予权力

权力是完成职责的必要手段。所谓授权是指上级给予下属一定的责任和权力的过程，以使其下属在一定的监督之下，处理问题时有相当的自主权。在实际授权过程中，应灵活运用授权的基本原则，包括：权责对等原则，即使权力与职责二者一致；责任绝对原则，即授权留责，分权而不放任；目标原则，即授权应围绕既定目标，按预期成果进行；边界原则，即所授之权应明确规定其实施范围和等级层次的界限；控制原则，即把各种权力委派给下级的同时，上级授权者要进行统一指挥并有效地监督控制，保证适度的干预尺度。

（四）总体指挥

总体指挥是对组织运行全过程的各项具体工作环节进行指导。正确有效的总体指挥，对组织运行具有重要作用。实现有效的总体指挥，必须做到：建立强有力的指挥系统和信息网络系统；要正确合理地运用指挥者的指挥权力；要对管理环境有确切的了解；要懂得管理经验与艺术的结合并正确运用各种管理方法及手段；等等。

二、体育健身活动的控制

体育健身活动的控制是指为保证组织与管理过程的顺利进行而采取的一系列行动。合理有效地控制保证了管理系统各项工作的正常运转，是改进提高组织与管理效率的重要手段。

（一）体育健身活动的控制方法

1. 计划控制

计划控制是基本的控制方法，通常按三个程序进行：①确定总目标及反映总目标的各项指标或标准；②预测在实现总目标过程中会产生的影响因素；③根据现有条件及未来可能受到的影响制定出保证目标实现的措施和办法。

2. 目标控制

目标控制即采用目标管理方法进行控制，制定目标体系，规定各体育健身活动管理层次的目标并按目标达成的程度进行控制。

3. 预算控制

即控制体育健身活动中的资金运转，用货币的形式制定出系统内的预算，把管理系统的活动纳入预算的范围，在预算规定的范围内运转。

4. 定额控制

为发挥人、财、物等资源的最大效用，就必须实行严格的定额管理，通过制定人员的定编、劳动定额或工作量、物资消耗定额及经费定额等管理措施，提高管理的效益。

5. 政策及规章制度控制

根据各项政策及规章制度进行控制也是一种基本的控制方法。

（二）体育健身活动管理控制的基本类型

根据管理过程不同阶段的划分，体育健身活动管理的控制可分为三种类型，即预先控制、现场控制和结果控制。

1. 预先控制

预先控制是指在决策实施前，事先做好各方面准备工作，以保证决策及计划的顺利进行。预先控制包括对人力、物力、财力的投入实施有效控制。其目的在于使未来的运行结果能达到预定的目标。

2. 现场控制

现场控制是通过管理人员亲临现场指挥下级工作来实现的。这种直接指挥包括两方面的工作：①指导下级按照正确的方法和程序开展工作；②监督下级的工作过程以保证工作取得预期的成果。

3. 结果控制

结果控制是通过将预先确定的标准与实际工作成效比较后，找出偏差，采取措施进行纠正。其重点不是对现场工作实施控制，它是以工作标准去衡量工作的结果，找出偏差去指导和调整未来的工作，以确保未来的结果符合标准。

第四章 城市社区居民健身服务实践的评价指标体系研究

第一节 城市社区居民健身服务实践评价指标体系的确立

一、居民健身服务实践影响因素

影响居民健身服务实践的因素既有宏观的，也有微观的，大致可以分为五类：第一类是社会环境因素；第二类是健身设施因素；第三类是组织因素；第四类是锻炼环境因素；第五类是个体需求与条件因素。

（一）社会环境因素

社会环境因素是影响人们参加公共健身锻炼的宏观因素，包括体育价值观、社会安定、体育法规、国民收入、群体态度、医疗保健保险制度六个因素。它们之间的关系：只有国家安定繁荣，人民才能安居乐业，才能进一步提高包括体育健身在内的各种生活条件，也才能突出体育的各种价值，影响人们对体育的态度。相比较而言，体育措施法规因素对社会环境因素的贡献率最大。

（二）健身设施因素

健身设施因素包括健身设施器械的种类、数量、锻炼方法的难易、是否收费、距离远近和锻炼人口的密度等各种客观条件，是影响人们是否参加、以何种方式参加体育健身的重要因素。人们一般会倾向选择距离较近、适合自己体育活动兴趣、免费的健身设施，而如果某种健身设施数量充足,则可以为更多的人提供体育健身选择空间。在人口密集地区,只有健身设施数量充足、种类多样,才能同样实现体育人口的高密度,否则居民健身计划目标的实现就是遥遥无期的。

(三)组织因素

组织因素包括有无指导和有无组织两个因素。当前人们的健身锻炼特别是自发性锻炼,往往缺乏来自专业人士和体育组织的有效指导和组织。虽然有些健身方法看起来简单易学,但若要真正掌握它,使其真正发挥健身功能,单靠缺乏体育知识和运动基础的人们自己探索还是有一定难度的,这就使加强对锻炼人群的指导和组织显得十分重要。根据体育健身的特点组织各种群众性体育活动,也有利于增强城市社区居民健身的吸引力,提高人们的锻炼兴趣。[①]

(四)锻炼环境因素

锻炼环境因素主要是设施环境和自然环境。设施环境主要是指健身设施器械的布局等,自然环境则是指健身场所所处的地理位置,周围的卫生、地势等自然环境。随着生活水平的提高,人们对体育锻炼条件的要求也在提高,不仅要求器械的种类和数量的丰富性,而且要求整体环境卫生、美观,这就使得健身锻炼环境也成为影响人们参加锻炼的重要因素,而且其重要性也日渐增强。

(五)个体需求与条件因素

个体需求与条件因素主要包括个人经济收入、健康状况、闲暇时间三个因素,是影响人们参加健身锻炼的重要因素。个人经济收入的高低无疑会影响人们的体育投入,直接决定人们选择以怎样的方式参加健身;健康状况是决定人们是否参加健身锻炼的因素,健康状况不佳是人们参加健身锻炼的强大动力;闲暇时间则会影响到人们是否参与参与健身锻炼的时间。

---

① 毛俐亚,鞠国梁,毛思程,等. 社区居民科学健身指导服务平台构建[J]. 体育文化导刊,2017(7):48-51,94.

二、居民健身服务实践评价指标体系的构建

对居民健身服务实践体系的评价应当基于对各影响要素的评价，我们据此构建以五个方面的影响因素（细化为 19 个影响因素）为指标的居民健身服务实践评价指标体系，具体如下。

（一）社会环境因素

1. 体育价值观。
2. 社会安定。
3. 体育法规。
4. 国民收入。
5. 群体态度。
6. 医疗保健保险制度。

（二）健身设施因素

1. 健身设施器械种类。
2. 健身设施器械数量。
3. 锻炼方法难易。
4. 收费情况。
5. 健身设施距离。
6. 锻炼人口密度。

（三）健身组织因素

1. 健身组织完善程度。
2. 健身指导状况。

（四）锻炼环境因素

1. 设施环境。
2. 自然环境。

（五）个体需求与条件因素

1. 个人经济收入。

2. 健康状况。
3. 闲暇时间。

第二节　城市社区居民健身服务实践评价指标体系的运用

居民健身服务实践体系评价涉及的因素指标较多，既有定性指标也有定量指标，而多因素评价较困难，因为需要同时综合考虑的因素很多，且各因素重要程度又不同。在此情况下，如果要用经典数学方法来解决评价问题，就将面临许多无法解决的困难。模糊数学则为解决模糊综合评价问题提供了理论依据，提供了有效的评价与决策方法。因此，居民健身服务实践评价可以通过模糊数学提供的方法进行运算，得出定量的综合评价结果，从而为正确决策提供依据。由于居民健身服务实践评价指标体系涉及两级指标，因此我们采用多级模糊综合评价方法进行评价。①

一、采取民意测验方法请专家实施评价

居民健身服务实践评价指标体系各指标构成了评价因素集。我们可以采用多级模糊综合评价方法，聘请一定数量的专家（评价主体），让他们按照评价标准对居民健身服务实践评价体系的各项指标进行评价，填写居民健身服务实践体系评价表。评语集则为"优、良、中、及格、不及格"五个模糊评价等级。

二、影响居民健身服务实践体系总评价的因素

对居民健身服务实践体系进行评价，是要为制定居民健身服务实践

---

① 张廷晓，宣澍，冯梓桐，等. 全民健身战略背景下我国大众健身公共空间构建研究［J］. 辽宁体育科技，2023（1）：36－39，50.

体系发展对策提供依据和基础，评价结果是评价主体对于居民健身服务实践体系满足居民健身需要的认识，它与评价主体、评价对象所处的环境状况密切相关。因此，在系统评价居民健身服务实践体系时应该考虑到受评价对象、评价主体、评价目的、评价时期、评价地点及评价方法等要素的影响。

（一）评价对象

居民健身服务实践体系是评价对象，包括体育健身场所与设施、组织管理体系、多元化融资渠道、特色赛事和体育活动的组织、政策法规援助与评估表彰机制等构成居民健身服务实践体系的要素系统。开展居民健身活动，如果体育健身场馆和健身器械不足，体育活动的频率和规模不合适，就会在很大程度上影响和限制人们参加体育锻炼的积极性和兴趣，也会制约社会体育活动的开展。如果社会体育活动组织发展和建设滞后，体育活动就缺乏有效组织和管理，社会体育活动就难免存在随意和松散的状况，也就不能给人们参加体育健身锻炼提供一个良好的活动平台。同样，如果居民健身服务实践投入经费不足，就一定影响社会体育活动的开展和人们的参与程度，不利于社会体育活动的可持续发展。如果政策法规援助与评估表彰机制不健全，居民健身服务实践就会缺乏必要的激励和监管机制。

（二）评价主体

居民健身计划的顺利开展，需要坚强有力的组织领导和科学管理，建立健全居民健身服务实践体系组织管理系统是居民健身服务实践体系建设的必要条件，也是居民健身活动开展的有效载体。居民健身服务实践体系组织管理系统作为评价主体，具体体现为评价居民健身服务实践体系价值的单位和部门。此外，参与健身的个体也是居民健身服务实践体系的评价主体，由于他们是最直接的评价者，对居民健身服务实践有最切身的感受，他们基于个人的特点、当前环境条件、居民健身服务实践体系的性质以及对未来的展望等因素,而对居民健身服务实践体系所做出的评价是决定评价结果的重要因素。

(三) 评价目的

评价目的就是系统评价居民健身服务实践体系建设状况及其发挥的作用。从根本上说,对居民健身服务实践体系进行评价,是要分析并确定居民健身服务实践体系建设存在的诸种问题,为更科学、更有效地进行战略决策提供依据,进一步建立并完善居民健身服务实践体系。就此而言,评价目标体系的科学性、系统性与否将直接影响居民健身服务实践体系的发展方向。

(四) 评价时期

评价时期即系统评价在完善居民健身服务实践体系中所处的阶段。做好居民健身服务实践体系的过程评价和跟踪评价,是保证居民健身服务实践体系实现"亲民、便民、利民"目标的重要保证。完善居民健身服务实践体系是一个长期的过程,因此,过程评价一般要进行数次。通过过程评价,可以对居民健身服务实践体系评价中暴露出来的问题采取必要的对策,而跟踪评价可以考察居民健身服务实践体系的实际社会效益,在居民健身服务实践体系实施后的一定时期内,每隔一定时间对其进行一次评价,可以提高居民健身服务实践体系的质量,并为进一步建设完善居民健身服务实践体系提供依据。

(五) 评价地点

评价地点有两方面的含义:一是指居民健身服务实践体系所涉及的及其占有的空间,也称为评价的范围;二是指评价主体观察问题的角度和高度,或称评价的立场。评价主体按照一定的工作程序,通过各种系统评价方法的应用,对居民健身服务实践体系进行评价,就显得十分重要且具有一定难度。

（六）评价方法

评价的最终结果在某种程度上取决于评价主体及决策者多方面的主观认知，这是由价值本身的特点所决定的。这意味着即使评价指标体系相同，人们也可以运用多种系统评价方法。由于居民健身服务实践体系的影响因素很多，以多指标的评价和定量与定性分析相结合为特点的系统评价方法将是我们选择的主体方法。

第五章　城市社区居民健身运动科学保障

当前，城市社区居民健身运动开展得如火如荼，这在一定程度上归功于健身理念的研究和探索，同时，纳入居民健身中的运动项目越来越多，这就在一定程度上丰富了人们的健身选择。可以说，城市社区居民健身运动有着良好的发展前景。但是需要强调的是，健身运动的安全性一直都被放在首要位置上，在迅速发展城市社区居民健身运动的过程中不能忽视这一方面。

第一节　城市社区居民健身运动的影响消耗与补充

一、营养的概念与意义

（一）营养的概念

人体不断从外界摄取食物，经过机体内各个组织与系统的消化、吸收、代谢和利用食物中身体需要的物质（养分或养料）来维持生命活动的全过程，就是所谓的营养。人体内的物质代谢是有机体生长发育，生命活动及各种体力劳动和脑力劳动进行的重要保证。只有不断从外界摄取一定数量的新物质，人类才能够维持生命，而这些需要摄取的新物质，往往都是从食物中摄取的。①

（二）营养的意义

人体需要的营养素有几十种，可以将其分为七大类，即蛋白质、脂

---

① 吴限红. 健身性健美操可持续发展研究 [M]. 长春：吉林人民出版社，2017.

肪、糖、维生素、水、矿物质和膳食纤维，这些营养素是人体健康的重要保证。人体获取这些营养物质的途径主要是进食。需要强调的是，任何一种食物都不可能包含人体所需要的一切营养素，因此，要注意进食食物的多样性，人体需要从多种食物中获得各种营养素，因此要做到"膳食平衡"，就是通过膳食摄入搭配合理的各种营养素，从而使摄入营养素的均衡性得到有力的保障。营养素摄入过多或者不足都会给身体正常新陈代谢带来损害，这也要求要均衡、适宜地摄入人体所需的营养。

合理的营养对人体的健康具有非常积极的促进作用，具体表现为：增进人体健康、促进生长发育、预防疾病、增强免疫功能、提高工作效率和运动能力。如果营养不良或营养不当，就会对人体的生长发育产生一定的影响，使机体免疫力下降，易患各种疾病，导致运动能力下降。由此可以看出，必须做到膳食平衡，只有这样，才能够使营养的作用得到充分的发挥，使膳食的质和量都能适应人们生理和日常生活的需要。

二、居民健身运动的营养消耗

在健身过程中，由于健身活动对人体中的能量有一定的消耗，因此，人体中的营养也会有不同程度的消耗。具体来说，不同营养素的消耗情况如下。

（一）糖的消耗

糖类主要由碳、氢、氧三种元素组成，也被称为碳水化合物，是人体内最主要的能源物质。糖类是人体获取热量最主要的，也是最经济的来源。糖类的营养功能主要体现在几个方面：首先，能够较快地提供能量；其次，能够促进其他营养素的代谢与合成；最后，能够保肝解毒。

在健身过程中，糖是机体的热能主要来源之一，会有较大程度的消耗。糖类在健身中的利用程度，在很大程度上决定着健身者是否能具备良好的耐久力，从而顺利完成规定的运动强度，最终取得一个很好的运动效果。在健身过程中，由于能量的消耗较大，因此，能量需要量会有一定的增加，但同时也会出现供氧量不足的情况。相对于脂肪、蛋白质来说，糖在体内最容易氧化，而且耗氧量少。与脂肪相比，糖产生的能量要比脂肪产生的能量低，但糖的氧热价却高于脂肪，如果是在运动时氧供应不足的情况下，这一优点会显得更为突出；且糖氧化代谢最终会转化为二氧化碳和水，并且通过呼吸和排汗等途径将其不断排出体外，从而使其对体内环境影响较小，不会影响到体液的酸度；在健身锻炼时，糖的供能速率快，不管氧供应充足还是不足，糖都可以分解供能。糖类是高强度剧烈健身运动时主要的能量来源。在进行高强度健身锻炼时，氧化磷酸化释放能量的速率不能使运动需要得到较好的满足，那么这个时候，就要借助糖的无氧酵解供给。在无氧条件下，骨骼肌糖原或由血液运输至肌肉的葡萄糖也可以酵解，生成乳酸并释放出能量，这样就能够使肌肉运动对能量的需要得到较好满足。

从上述内容中可以看出，在健身过程中，消耗最多也最理想的能源物质就是糖类，因此，它也被称为运动中的最优燃料。对于糖类，我们要以消耗情况为主要依据有针对性地进行补充，否则，就会形成供需脱节，严重者还会危及生命。

除此之外，短时间大强度健身运动所需的能量也是由糖类供给的，长时间中低强度健身所需要的能量首先也是通过糖氧化供给的。同时，糖氧化还要为大脑的活动提供其所需要的能量。如果长时间进行运动健身，就会导致血糖下降，大脑糖供应不足，从而对大脑的正常活动产生一定的影响，进而导致运动性疲劳的产生，这对于身体的健康是较为不利的。

（二）蛋白质的消耗

蛋白质主要由碳、氢、氧、磷、氮、硫等元素组成，是一切生命的物质基础。细胞是构成人体的基本单位，而蛋白质则是细胞的主要构成成分。构成机体组织和修补人体组织的主要成分就是蛋白质。蛋白质的营养功能主要体现在几个方面：首先，能够参与人体的代谢、更新；其次，能够维持酸碱平衡；最后，能够维持机体正常的免疫功能。总的来说，没有蛋白质就没有生命。

对于健身者来说，蛋白质有着非常重要的作用和意义。在健身过程中，由于器官肥大、酶活性提高、激素调节活跃，健身者体内蛋白质的分解和合成代谢就会有所增加，蛋白质的消耗也会相应地增加。这就要求在健身前，一定要注意不要摄入过多的蛋白质，究其原因，主要是由于蛋白质食物的特别动力作用强，蛋白过多能够提高机体代谢率，并使水分的需要量增加。除此之外，蛋白质的重要作用还在人体组织蛋白的更新以及运动员组织损伤的修补等方面有所体现，可以说蛋白质是健身者所必需的重要营养素。

（三）脂肪的消耗

除糖和蛋白质外，脂肪是另外一种能够维持运动员能量摄入均衡的物质，其是运动中热能的主要来源之一。

另外，脂肪在运动状态下，机体对脂肪的利用程度会更高，尤其是在温度较低的情况下进行健身锻炼。健身者应该保证脂肪在日常膳食中的含量，不能太低，否则，就会引起血清中的甘油三酯升高，对免疫能力产生破坏作用，从而造成女性运动员运动性闭经，还有可能由于肌肉内部脂肪沉积减少而导致运动能力下降等。

（四）维生素的消耗

维生素也称为维他命，是人类维持机体健康的必需营养素。维生素主要分为两大类：一类是包括维生素 C 族、维生素 B 族的水溶性维生素；另一类是包括维生素 A、D、E、K 等的脂溶性维生素。不同的维生素其营养功能是有一定差异性的，其食物来源也各不相同。

在进行健身锻炼时，体内物质代谢能力会有所加强，同时，维生素的需要量也会有一定程度的增加。维生素的需要量受到很多因素影响，其中，运动量、机能状态和营养水平等是最主要的几个方面。剧烈的运动健身可使维生素缺乏症提前发生或症状加重，再加上运动健身者对维生素缺乏的耐受力比正常人差，因此，一定要根据维生素的消耗情况进行适当的补充。

（五）矿物质的消耗

矿物质也被称为无机盐，是构成人体组织的重要原料。矿物质可以分为两种：一种是含量较多的，包括钙、钠、磷、镁、氯、钾、硫的常量元素；另一种是含量较少的包括铁、锌碘、铜、硒、镍、钼、氟、钴、铬、锰、硅、锡、钒的微量元素。矿物质的营养功能主要体现在四个方面：一是生物产生的物质基础；二是能够维持体内的酸碱平衡；三是参与其他营养物质的代谢与合成；四是维持神经、肌肉的兴奋性。

在健身过程中，体内矿物质和微量元素的代谢都有可能发生一定的变化。如果运动量较大，就会使得尿中钾、磷和氯化钠排出量减少，而钙的排出量增加。如果健身者能够很好地适应负荷的运动量，那么体内矿物质的变动幅度就会有所降低。下面就对几种重要矿物质的消耗情况进行分析和阐述。[①]

1. 钙的消耗

在健身过程中，由于会有大量出汗，就会导致机体有大量的钙从汗液中丢失。因此，这就要求健身者要及时补充钙离子，从而使运动能力得到良好的保持，同时加快钙离子的恢复速度。

2. 铁的消耗

健身在一定程度上加快铁在机体中的代谢速度，如果长时间进行健身锻炼，就会大幅降低组织内储存铁的含量。另外，在健身过程中会有大量出汗，汗液中会携带一部分的铁，这就使得铁的丢失量进一步增加。

3. 锌的消耗

如果进行短时间、大强度的无氧或者是缺氧健身锻炼，就会使血清锌升高，主要是由于剧烈运动导致肌肉出现损伤，使肌肉中的锌释放到血中。长时间进行有氧运动，血清锌就会有所下降，这主要是由于机体对锌的需求量增加，将锌通过从血液向需要锌的组织器官转移，使锌在

---

① 李敬敬. 健美操健身研究与价值学解读［M］. 长春：吉林文史出版社，2018.

人体内重新分布。

(六) 水的消耗

水是人们赖以生存的重要条件,是人体内含量最多的重要成分,约占成人体重的三分之二。缺乏水,人体的正常生理功能就会受影响;没有水,人们就无法生存。

在健身过程中,水是不可缺少的重要营养物质之一,其不仅能够使机体的基本运作得到保证,而且还能对体热平衡进行有效调节。尤其是当健身者在高温环境和产热大幅度增加时,通过出汗排出体内多余的热量,来使机体正常的新陈代谢得到较好的维持。对运动时出汗的多少产生影响的因素有很多,其中,运动项目、气温、热辐射强度、气压、湿度、单位时间运动量和饮食中的含盐量是最主要的几个方面。水的消耗是通过大量出汗实现的,如果出汗量大幅度增加,就会直接导致人体脱水,从而引起机体降温能力下降,体温升高,循环衰竭等现象,如果脱水情况较为严重,则会造成水电解质平衡紊乱、中暑,甚至死亡。

三、居民健身运动的营养补充

居民健身中,为保证健身者的能量需求,要在健身前、健身中、健身后进行相应的营养补充,具体如下。

(一) 健身前的营养补充

在健身前进行营养补充,不仅要明确饮食营养的种类,还要掌握好适当的补充时机,这样会起到事半功倍的营养补充效果。

1. 健身前的饮食营养

在进行健身之前,进食的食物应以高糖低脂低蛋白食物为主,例如,既容易消化,又能提供糖类的面食、米饭和水果等。如果运动的时间超过60~90分钟,那么就应该选择升糖指数较低且容易消化的面食、运动饮料等食物,从而达到迅速提供糖类的目的。另外,需要注意的是,健身前,要避免食用含高纤维素的食物,因为这种食物会造成腹部不适，不利于健身的进行。

2. 选择合适的时机补充

由于运动时间和食物的种类不同，应该选择的补充营养的时机也有一定的差异性。不论如何，为了避免在健身过程中造成肠胃不适，都要遵循补充的营养和能量适量的基本原则。

通常来说，正常一餐的食物需要消化3～4小时，分量较少的一餐的消化时间为2～3小时，少量的点心只需1小时即可被消化。根据个人在健身时对胃中食物的感觉不同，以上情形会有一定的差异性，为了避免肠胃不适，应该避免在健身后立即进食，而是要选择合适的时机。另外，还需要注意的是，健身锻炼之前进食不宜过饱，以七分饱为宜。

如果健身时对胃中的食物很敏感，就需要有更长的时间让食物消化，或者将进食的量进一步降低。

如果健身过程中进行的项目会使身体起伏震动比较大，人们对胃内食物会更加敏感，即使是少量食物也会造成身体的不适，那么，就应该在健身前更早地进食，或减少食物摄取的量，从而缓解其对身体造成的不适。如果所进行的健身项目身体震动相对小，人们受到胃中食物的影响不太明显，那么，就可以有弹性地选择进食的时间和食物。

若是在健身前15～20分钟进食运动饮料、面包、蜂蜜等甜食或高升糖指数的食物，容易在健身过程中发生低血糖，从而感到头晕和乏力。其主要原因是：这些食物可刺激胰岛素的分泌增加，健身时肌肉耗能也会有一定的增加，而且这二者都会引起血糖的下降，从而对运动能力产生影响。如果是短时间的健身锻炼（持续时间在40分钟以下），就可以在健身前5～10分钟进食甜食，这样胰岛素就无法在短时间内分泌；在健身开始后，胰岛素的分泌会被抑制，不会对升高的血糖产生反应，这是有效避免健身者血糖过低最好的方法。如果健身的时间比较长，则最好在健身锻炼前2小时吃一些甜食或是高糖指数的食物。

另外，还需要注意的是，在补充营养时，要找到适合自己的最有效的食物和进食时间。只有进食富含身体所需要营养的食物，并且在适当的时机进食,才能够取得理想的营养补充效果。

(二)健身中的营养补充

1. 健身者如果进行较为激烈的健身运动,就会使出汗量增加,从而使体液处于相对高渗状态,这时候,就应该选用含糖和含盐量低的饮料。

2. 要求补充的饮料中应含少量的钠盐,以 18~25 毫摩尔/升为宜。

3. 除健身前少量补水外,健身过程中还要每隔 15~30 分钟补液 100~300 毫升。但是,要注意每小时的补液量以不大于 800 毫升为宜。

4. 通常情况下,健身过程中的补液量为出汗量的 1/2~1/3。要找出自己能耐受的补液量,具体的方法为:通过称体重可了解失汗量,然后试验每失汗 500 毫升,补液 2 杯左右。

5. 进食质地柔软的半流质食物。为了不对健身过程中的正常呼吸造成影响,进食的食物体积要小。食物量的确定要以健身者饥饿感觉为依据。

6. 在健身过程中,饮料应以补水为主,通常采用的补液为 15% 的低聚糖饮料,能够起到较好的补水效果。饮料的温度对胃排空影响不大,为了保证口感,可以选择温度较低的饮料。

(三)健身后的营养补充

健身运动结束后,由于健身者体内的能量被大量消耗,因此,一定要进行适当的营养补充,以利于恢复体能。健身运动后的营养补充,主要从以下几个方面得到体现。

1. 补充水分

在健身运动结束后,通常会导致健身者机体大量水分的丢失。由于健身过程中的补水量比较少,因此,健身者在健身后会不同程度地处于缺水状态,这就要求健身者要积极地进行水分的补充。

健身运动后水分补充量的多少,其标准为:计算健身前和健身后的体重变化,每减少 1 千克体重,就表示至少需要补充 1 升水。再加上健身运动后仍然会持续地流汗和排尿，因此，补充的量要稍微多一些。如果不方便测量体重，那么也可以以自己口渴的程度为依据来进行水分的补充。但是，由于在大多数情况下，人的口渴感觉并不灵敏，也就是说，即使不口渴，有时候身体也已经处于缺水状态，这就是有意识脱水；还有的时候，尽管喝进去的水并不能达到补充丢失的水分的目的，但是能够使口渴得到一定的缓解。由此可以得出，尽管健身运动后没有感到口渴，也至少需要再喝 2～3 杯的水，才能补充足够的水分。另外，还可以通过对尿液的观察来进行补水。如果健身后的 1～2 小时中，排尿量很少或是完全没有，而尿液的颜色很深，这就表明体内没有得到充足的水分补充，仍然处于缺水的状态，需要及时补水，直到排尿量恢复正常，而且尿液颜色变成很淡或是无色。

2. 补充电解质

汗液中的电解质不仅包括钠离子和氯离子，而且还包括少量的钾离子和钙离子。如果长时间进行健身运动锻炼，可以在健身运动后通过淡盐水或运动饮料补充水分和电解质。如果是一般性的健身运动，电解质的丢失在正常的饮食中可得以补充。

3. 补充糖

一般来讲，身体合成肝糖原的效率最高是在健身运动后 2 小时，2 小时后则恢复到平常的水平。因此，在健身运动后要充分利用这段高效率时段，迅速补充糖类，从而使体内消耗的肝糖原得到充分的补充。如果下次健身运动在 10～12 小时之内，那么，就一定要把握好这段高效率期间，因为如果错过这个时段，无论在后续的时间如何进行糖类补充，都不会使身体有充分的时间来完全补充消耗的肝糖原，这就会使得体内的肝糖原存量一次比一次低，从而引起疲劳。如果下一次健身运动是在 24～48 小时后，那么就可以在这段时间以外的其他时间进行高糖类的食物补充，也能达到充分补充所有消耗的肝糖原的目的。

具体来说，补充糖类的建议为：健身运动后 15～30 分钟之内吃进 50～100 克的糖类（大约是每千克体重 1 克），每 2 小时再吃 50～100 克糖类,直到进餐为止。

第二节 城市社区居民健身运动的伤病与恢复

一、居民健身运动中常见损伤与恢复

(一)擦伤

1. 擦伤的原因及症状

擦伤通常是皮肤受外力摩擦所导致的。田径和球类运动时摔倒常会发生擦伤。

擦伤后,其症状表现为伤口宽而浅、边缘不整,伴有小出血点和组织液渗出。

2. 擦伤的恢复方法

在运动过程中摔倒,常会发生擦伤,如果伤口较脏,可以先用流动清洁的水冲洗伤口,将沾上的异物及坏死的组织除去,然后再消毒、杀菌、包扎伤口。如果关节部位发生的擦伤面积较大时,注意不要涂紫药水。究其原因,主要是由于紫药水具有很强的收敛作用,涂抹于伤口,会使伤口结痂大而硬,关节活动时易使痂断裂剥脱,对于伤口的愈合是不利的。

(二)裂伤

1. 裂伤的原因及症状

裂伤通常是钝性暴力所致。发生裂伤的部位可见有裂口出血,周围皮肤伴有红晕,皮损可露出内部组织,患者自觉疼痛。

2. 裂伤的恢复方法

如果裂伤或者切伤较小,则用创可贴做简易固定即可。需要注意的是,固定时,使有消炎药棉的部位对着伤口,先粘住创可贴的上边,再将伤口下方皮肤向上推,使伤口闭合,然后再压紧创可贴下端。如果裂

（三）肌肉拉伤

1. 肌肉拉伤的原因及症状

大腿后部肌群、腰背肌、小腿三头肌、腹直肌、斜方肌等处是发生肌肉拉伤的主要部位。在健身过程中，造成肌肉拉伤的原因有很多，其中，最主要的包括几个方面：①没有进行充分的准备活动，肌肉的生理机能尚未达到剧烈活动所需要的状态就参加剧烈活动；②运动姿势不正确，动作技术水平较低，动作的协调性较差，用力过猛，超过了肌肉活动的范围；③体质较弱，训练的水平较低，并且没有较好的肌肉弹性、伸展性和力量以及疲劳或负荷过度；④外部环境条件不适合运动健身，如气温过低、场地太硬等。

肌肉拉伤时，伤处疼痛、发硬、局部肿胀、肌肉紧张或抽筋，有明显的压痛感。如果损伤较为细微，其症状就表现得较轻；如果是肌纤维完全断裂，则症状表现得要重一些。如果受伤肌肉主动收缩或被动拉长，就会加重疼痛。肌纤维断裂时，受伤者自己往往会或听到断裂声，然后就会出现局部肿胀、皮下出血、肢体活动出现障碍等症状，还可以在断裂处摸到凹陷或两端异常膨大。

2. 肌肉拉伤的恢复方法

由于每个人的身体情况都存在一定的差异性，因此，在选择治疗方法时，要因人而异。如果是少量肌纤维断裂的患者，应立即进行冷敷和局部加压包扎并抬高患肢，还可以外敷中草药；如果患者是肌肉大部分或完全断裂，那么就应在加压包扎后立即送医院进行手术缝合。①

（四）手腕损伤

1. 手腕损伤的原因及症状

在健身运动中，腕部急性损伤的发生概率比较高，尤其是手腕背伸支撑致伤为最多。这主要是由于人摔倒时通常会采用以手撑地的条件反

---

① 李敬敬. 健美操健身研究与价值学解读［M］. 长春：吉林文史出版社，2018.

射性动作。

手腕损伤的症状及表现如下：

桡骨远端伸展性骨折：由于损伤部位为松质骨，血供应丰富，但骨质强度小，易碎。骨折后，在桡骨远端及腕部的症状主要表现为：有明显肿胀、压痛及畸形。

腕舟状骨骨折：损伤后表现出的症状通常较轻，在腕关节外侧仅有轻度疼痛和肿胀、压痛，腕背伸疼，沿第一掌骨纵轴方向挤压时疼痛明显。

月状骨脱位和月状骨周围脱位：损伤后往往会出现腕背伸掌侧隆起畸形这样的典型症状，除此之外，手指不能完全伸直，拇指、食指及中指感觉迟钝的现象也都可能会出现。

腕急性创伤性滑膜炎：损伤后，往往会出现的症状为肿胀出血，关节积血、积液、局部压痛、关节活动受限等。

2. 手腕损伤的恢复方法

如果发生手腕损伤，首先应处理骨折，如果出现创伤性滑膜炎，则应该采取加压包扎的方法，用夹板或石膏固定2～3周。伤后3～5天可以进行理疗、按摩、外敷中药等治疗。

（五）闭合性软组织损伤

1. 闭合性软组织损伤的原因及症状

导致闭合性软组织损伤的原因有很多，其中最主要的有：①准备活动内容不够丰富，使得肌肉的生理机能尚未达到适应活动所需要的状况；②训练的方法不太合理，局部肌肉、韧带力量薄弱，关节稳定性差或身体状况不佳；③气温过低、场地条件差等；④技术水平相对较低，技术动作不正确，或不协调，动作过猛；⑤疲劳或负荷过度，导致肌肉机能下降，肌肉的弹性和伸展性减退、力量减弱、肌肉发僵等。

常见的闭合性软组织损伤是急性闭合性软组织损伤，比较具有代表性的有肌肉拉伤、挫伤、韧带拉伤等。急性闭合性软组织损伤的症状主要表现为：皮肤黏膜完整，损伤局部有组织撕裂、血管损伤，引起出血、渗出、肿胀等。

2. 闭合性软组织损伤的恢复方法

发生急性闭合性软组织损伤后,首先要检查有无合并伤,其中常见的损伤部位及检查的合并伤有:头部挫伤有无脑震荡,腹部挫伤后是否合并有内脏破裂,肌肉挫伤后有无断裂,有无明显血肿,等等。一般来说,处理的顺序为先处理合并伤,后处理软组织损伤。急性闭合性软组织损伤后的24~48小时内,要对患处采取冷敷、加压包扎和制动的处理方法。如果伤处在四肢,则要注意将患肢抬高一些。此后,为了改善血液循环,促进局部代谢,加速损伤的恢复,要在局部进行热敷、理疗和按摩。

(六) 踝关节扭伤

1. 踝关节扭伤的原因及症状

踝关节扭伤主要有两个原因:一是跑跳时用力过猛,脚落地的姿势不当,超过了踝关节活动范围;二是运动前的准备活动做得不够充分,关节韧带的弹性和伸展性较差,不能适应剧烈运动的需要。

脚着地时常会突然发生踝关节扭伤,损伤后往往会在关节的内侧及外侧表现出不同程度的疼痛,受伤后几分钟局部便肿胀起来,脚不能走路。如果在距腓骨前组成关节囊的一部分发生撕脱或断裂,这时候就常会出现合并关节积血的情况,从而使踝关节发生肿胀。

2. 踝关节扭伤的恢复方法

发生踝关节扭伤之后,应立即停止运动,适当抬高患肢。为了防止继续出血,应该在12小时内进行冷敷;12小时后热敷,促进炎症消退。如果扭伤程度较为严重,可以适当服用药物进行治疗,如内服跌打丸、泼尼松片,外用樟脑酒或松节油涂擦。另外,还可以采用针灸悬钟、三阴交、太白、至阴等穴位,也通常会取得理想的治疗效果。与此同时,还需要注意的是,扭伤2天后,为了能够尽快恢复脚部的功能,防止局部粘连和肌肉萎缩,应鼓励患者及早活动下肢,练习缓慢走路,并进行按摩、针灸、理疗等。

(七）膝关节扭伤

1. 膝关节扭伤的原因及症状

膝关节最结实、最稳定的时候是伸直时。当膝关节处于半屈曲状态时，由于周围韧带放松，在外力的作用下，大腿或小腿间内外过分旋转，这时候就很容易发生膝关节的扭伤。

膝关节扭伤的症状主要表现为：膝关节局部疼痛，周围肌肉发紧，关节不能伸直和运动受限。出现损伤后，要立即停止运动，防止加重病情。有些病人还会有皮下出血，在关节周围出现青一块紫一块的瘀斑等现象。如果扭伤较为严重，使关节囊内部受到损伤，那么就会引起关节内出血，出血后，关节迅速肿胀剧痛，这时候就需要立即送医院，请医生抽血、减压，以减轻扭伤的痛苦。

2. 膝关节扭伤的恢复方法

韧带受伤后，需要卧床休息。如果损伤程度较轻，则可以经过适当处理，两周左右疼痛、肿胀会消失，关节也能逐渐正常屈伸，这时病人可尝试下地行走，并逐渐恢复运动能力。如果前十字韧带、半月板等受到损伤，有行走过程中觉得关节发软，不敢用力，上下楼梯时关节有卡住或不稳感等症状，则需要请医生进一步检查，弄清病根，彻底治愈。如果膝关节扭伤严重，就必须通过手术来做专业的治疗。

（八）急性腰扭伤

1. 急性腰扭伤的原因及症状

在健身过程中，腰部活动往往会超过其正常生理范围，这就使得腰部肌肉、筋膜及韧带过度牵拉，导致损伤。急性腰扭伤的损伤原因主要有两个：一个是错误的技术动作；另一个是人与人之间的相互碰撞。

发生急性腰扭伤之后，会立即出现腰部疼痛，呈持续性剧痛，第二天则会由于局部出血、肿胀、腰痛而加重损伤程度。有些患者只是轻微扭转一下腰部，当时并无明显痛感，但休息后次日感到腰部疼痛。另外，急性腰扭伤还会导致腰部活动受限，不能挺直，俯、仰、扭转困难。尤其在咳嗽、喷嚏、大小便时，能够进一步加重疼痛。

2. 急性腰扭伤的恢复方法

如果在运动健身过程中发生急性腰扭伤，就需要立即停止活动，进行休息，否则就会造成慢性腰腿疼。卧床休息时，为了减轻疼痛，使腰部肌肉得到有效放松，可以在腰下垫一个软枕头。腰扭伤以后，比较有效的处理方法为热敷疗法。具体来说，就是把大粒盐或沙子炒热，用布包起来，敷在腰疼痛最厉害的地方，每天 2 次。除此之外，针灸、推拿、按摩、拔火罐、理疗也具有较好的治疗效果。另外，还可以在医生的叮嘱下服用中药五虎丹、跌打丸，或者西药泼尼松等。

（九）胫腓骨膜炎

1. 胫腓骨膜炎的原因及症状

胫腓骨膜炎的原因包括：①由于跑跳的时间过长，往往会使得小腿肌肉在胫腓骨的附着点受到过分的牵拉和扯拽，这样就会对骨膜产生刺激，从而引起的非细菌性炎症；②没有运动基础的人，下肢的肌肉还不发达，缺乏弹性，跑跳时收缩和放松的协调性较差，脚落地时，对缓冲力量的运动也不合理，从而导致骨膜反复受到牵扯和拉拽；③天气较冷，或者准备活动做得不够充分，这时候腿部的肌肉、肌腱比较硬以及在硬地上跑跳时间过长，从而导致骨膜炎。

发生胫腓骨膜炎之后，往往会表现出疼痛、压痛以及骨膜下水肿等症状。其中，疼痛主要发生在小腿下部、脚腕上部；压痛往往发生在无肌肉覆盖的地方；骨膜受到牵拉，有不同程度的水肿、炎症和出血等症状。

2. 胫腓骨膜炎的恢复方法

出现胫腓骨膜炎之后，要立即停止大运动量的训练，避免剧烈的锻炼活动，然后用绷带将小腿下部包扎起来，较轻的患者休息几天即可好转。为了促进血液循环，加快渗出物的吸收，还可以采用热水袋或热毛巾局部热敷的方法。如果病情较为严重，一定要注意完全休息，待彻底治愈后再参加活动，以避免加重损伤。

(十) 足跟痛

足跟痛的损伤形式有很多,下面就介绍几种较为常见的。

1. 脂肪垫损伤

在跑步时,脂肪垫具有吸收多数的震荡力的重要作用。如果在跑步过程中,着地姿势不正确或脚跟部受到外力撞击,就会引起脂肪垫出血水肿。一般都会表现为脚跟发痛的症状。

如果出现脂肪垫损伤,可采取暂时减少运动量或停训的方法。另外,用中药熏洗,也能取得良好的治疗效果。

2. 筋膜炎

筋膜炎往往是由于跑步过度或初跑者不适应较硬的场地训练而引起的。慢性损伤也能够引起筋膜炎。一般来说,出现损伤后,整个脚底部都会出现疼痛。

损伤程度较轻的,可以采用治疗效果较好的热疗、中药熏洗、按摩等,个别症状严重者可暂停锻炼。

3. 跟骨骨骺炎

跟骨骨骺炎大多数发生在儿童和青年期,往往是由于此时跟骨骨骺尚未封闭,负重过多导致跟骨骨骺部位的软组织反复受到摩擦,形成一种无菌性的炎症。

发生跟骨骨骺炎后,损伤程度较轻的,只要适当地减少脚跟部的负重并配合理疗或中药熏洗,就能取得良好的治疗效果,不需进行特殊治疗。

4. 跟骨滑囊炎

跟骨周围的滑囊带弹性,在跑步时起着软垫的作用。跟骨滑囊炎往往是运动不当,特别是穿的鞋子不适合造成的。

跟骨滑囊炎的恢复方法:一般情况下,可以采取垫高鞋跟,或者在合适的鞋内脚后跟部加上一块2厘米厚的软垫的方法,这样效果较为理想。

二、居民健身运动中常见疾病与恢复

（一）过度紧张

1. 过度紧张的原因及症状

过度紧张的原因：①生理状态不佳；②运动水平不高；③机体过分疲劳；④伤病中断训练后突然参加剧烈活动；⑤患有心血管疾病，过于勉强完成剧烈运动，更容易发生过度紧张，严重者可能会导致猝死。

过度紧张的症状：头晕、眼前发黑、面色苍白、全身无力、站立不稳；有恶心呕吐，脉搏快速细弱，血压明显下降的现象。严重者会出现嘴唇青紫，呼吸困难，右季肋部疼痛，肝脏肿大，心前区痛，心脏扩大等急性心功能不全等症状。

2. 过度紧张的恢复

轻度的过度紧张，应使患者安静平卧，注意保暖，经短时间休息后，症状即可消失。有脑缺血时，应将患者平卧休息，头稍低，同时注意保暖，给以热糖水或镇静剂。对于严重的心功能不全的患者，应保持安静，平卧，指掐"内关"和"足三里穴"。如果昏迷，可指掐"人中穴"。对于呼吸或心跳停止者，应做人工呼吸或胸外心脏按压术，并迅速请医生处理。

3. 过度紧张的预防

有效预防过度紧张发生的措施有：第一，平时加强身体全面训练，注意循序渐进，运动前应充分做好准备活动；第二，伤病初愈或因其他原因中断训练，后重新开始训练，应逐步增加运动强度和运动量；第三，参加大强度训练前，应做体格检查，若有高血压、心脏病等疾病，则不可参加；第四，锻炼基础差和患有心血管疾病的人，应根据自己身体情况参加活动，不可勉强；第五，要严格遵守作息制度，注意个人卫生和合理营养，加强对体育活动参加者的医务监督。

（二）岔气

1. 岔气的原因及症状

运动时发生与腹痛位置不同的突然性胸壁或上腹近肋骨处的疼痛现象称为岔气。导致岔气出现的原因主要有两个：一是运动前没有做好准备运动；二是呼吸节奏紊乱或心肌功能不佳。

岔气的症状：胸壁或上腹近肋骨处出现疼痛，影响体育运动正常进行；说话、深呼吸或咳嗽时局部更加疼痛；疼痛的局部有压痛，但不红肿。

2. 岔气的恢复

深吸气后憋住不放，握拳由上到下依次捶击胸腔左、右两侧，亦可用拍击手法拍击腋下，再缓缓作深呼气。深吸气憋住气后，请别人捶击患者侧背部及腋下，再慢慢呼气，可连续做数次深呼吸，同时自己用手紧压疼痛处。用食指和拇指用力捻捏内关和外关穴，同时做深呼吸和左右扭转身躯的动作。可深吸气后憋住不放，用手握空拳锤击疼痛部位。①

3. 岔气的预防

有效预防岔气发生的措施有：①运动前要充分地活动开肢体，使身体适应后逐渐加大运动量；②在运动中要掌握正确的呼吸方法和节奏，并养成经常锻炼的习惯。

（三）肌肉酸痛

1. 肌肉酸痛的原因及症状

肌肉酸痛的原因：运动时肌肉活动量大，引起局部肌纤维及结缔组织的细微损伤以及部分肌纤维的痉挛。

肌肉酸痛的症状：局部肌肉纤维细微损伤及痉挛。整块肌肉仍能完成运动功能，只是存在一定的酸痛感。

---

① 杨韩雪. 体育健身理论与实践研究［M］. 北京：中国原子能出版社，2021.

2. 肌肉酸痛的恢复

对酸痛局部进行静力牵引练习，保持拉伸状态 2 分钟，然后休息 1 分钟，重复练习。对酸痛的局部肌肉进行热敷，促进血液循环及代谢过程，有助于损伤组织的修复及痉挛的缓解。对酸痛局部进行按摩，使肌肉放松，促进肌肉血液循环，有助损伤修复及痉挛缓解。口服维生素 C，维生素 C 有促进结缔组织中胶原合成的作用，能加速受损组织的修复和缓解酸痛。补充微量元素锌元素，锌元素对于损伤肌肉的修复是较为有利的。

3. 肌肉酸痛的预防

有效预防肌肉酸痛发生的措施有：第一，准备活动中，注意使即将练习时负荷重的局部肌肉活动得更充分；第二，根据不同体质、不同健康状况科学地安排锻炼负荷；第三，锻炼时，尽量避免长时间集中练习身体某一部位，以免局部肌肉负担过重；第四，整理运动除进行一般性放松练习外，还应重视进行肌肉的伸展牵引练习。

（四）运动中腹痛

1. 运动中腹痛的原因及症状

导致运动中腹痛的原因很多，最主要的有：一是准备活动做得不充分；二是运动速度和强度加得过快或太突然；三是缺乏锻炼或训练水平低；四是呼吸与动作之间的节奏配合不良；五是身体状况不佳、劳累、精神紧张；六是膳食制度不合理，饮食上存在问题。

运动中腹痛的症状：一般来说，小负荷和慢速度运动时，腹痛不明显；随着运动负荷和强度增加，腹痛也逐渐加剧。腹痛部位，常为病变脏器所在：左上腹痛，多为脾瘀血；左下腹痛，多因宿便引起；右上腹痛，多为肝胆疾患、肝脏瘀血；右下腹痛，多为阑尾炎；中上腹痛，多为急性或慢性胃炎；腹中部痛，多为肠痉挛、蛔虫病。

2. 运动中腹痛的恢复

用手按压疼痛部位，或弯腰跑一段距离，一般疼痛即可减轻或消失。减慢运动速度和降低运动强度，加深呼吸，调整呼吸和运动节奏。

如果上述处理方法无效或加重，应停止运动，口服止痛药物，点掐或针刺足三里、内关、三阴交等穴位，进行腹部热敷等。还没有效果，则需请医生诊治。

3. 运动中腹痛的预防

有效预防运动中腹痛发生的措施有：第一，加强全面身体训练，提高生理机能水平；第二，要充分做好准备活动，运动中注意呼吸节律，中长跑时要合理分配速度；第三，要合理安排膳食，饭后须经过一定时间后才可进行剧烈运动，运动前不宜过饱或过饥，也不要饮水过度；第四，训练时要遵循训练的科学性原则，循序渐进地增加运动量；第五，对于各种疾患引起的腹痛，应就医检查确诊，彻底治疗，疾病未愈之前，应在医生指导下进行体育活动。

（五）运动性贫血

1. 运动性贫血的原因及症状

贫血是一种症状，不是独立的疾病，往往是多种原因导致的。健身者在健身过程中如果生理负担量过大，则可能会导致贫血。

运动性贫血的症状：血液检查时，血红蛋白的含量减少，男性低于120克/升，女性低于105克/升。其症状主要表现为头晕、乏力、易倦、记忆力下降、食欲差，发病缓慢。运动时有较为明显的症状，常伴有气促、心悸等症状。主要的身体特征为皮肤和黏膜苍白，心率较快，心尖区可听到收缩期吹风样杂音等。

2. 运动性贫血的恢复

应当适当减少运动量，必要时应停止训练。服用维生素 C 和胃蛋白酶合剂，对于铁的吸收较为有利；口服硫酸亚铁片剂，能够取得理想的缺铁性贫血的治疗效果。改善营养，尤其是补充富含蛋白质和铁的食物。

3. 运动性贫血的预防

有效预防运动性贫血发生的措施有：第一，合理安排运动量和运动强度，遵守循序渐进和个别对待的原则；第二，多食含蛋白质丰富的食物，克服偏食习惯；第三，多补充身体所需的铁元素。

（六）运动性低血糖

1. 运动性低血糖的原因及症状

导致运动性低血糖的原因可以大致归纳为四个：一是运动前体内肝糖原储备不足，运动时不能及时补充血糖的消耗；二是长时间进行剧烈运动时体内血糖大量消耗和减少；三是中枢神经系统调节糖代谢的功能紊乱，胰岛素分泌量增加；四是患病参加运动。

运动性低血糖的症状：轻者感到非常饥饿、极度疲乏、头晕、心悸、面色苍白、出冷汗；重者可出现神志模糊、语言不清、四肢发抖、呼吸短促、烦躁不安或精神错乱，甚至惊厥、昏迷。检查血糖，则明显降低。脉搏快而弱，血压偏高或无明显变化，或昏倒前升高而昏倒后降低，呼吸短促，瞳孔扩大。

2. 运动性低血糖的恢复

使病者平卧、保暖。神志清醒者可饮浓糖水或吃少量食品，一般短时间内即可恢复。昏迷不醒者，可针刺人中、百会、涌泉、合谷等穴，并迅速请医生前来处理。

3. 运动性低血糖的预防

有效预防运动性低血糖发生的措施有：第一，进行运动量大的运动时，应准备一些含糖的饮料，供途中饮用；第二，平时缺乏锻炼者，或患病未愈及空腹饥饿时，不要参加长时间的激烈运动。

（七）中暑

1. 中暑的原因及症状

导致中暑的原因主要有三个方面：一是在炎热的天气下进行长时间耐力运动；二是身体疲劳、失眠、失水、缺盐；三是对高温环境适应能力差。

中暑的症状：早期有头晕、头痛、呕吐现象；逐步发展为体温升高，皮肤灼热干燥；严重者可出现精神失常、虚脱、痉挛、心律失常、血压下降；过于严重的，甚至会昏迷，危及生命。

2. 中暑的恢复

当有先兆或轻度中暑时，应迅速撤离高温环境，到通风阴凉处休息，解开衣领，并服用清凉饮料、浓茶、淡盐水和解暑药物等。对病情较重的患者，应立即移到阴凉处，让其平卧。根据不同的病情，分别处理：中暑痉挛时，牵伸痉挛肌肉使之缓解，并服用含盐清凉饮料；中暑衰竭时服用含糖、盐饮料，并在四肢做重推按摩。症状重或昏迷患者，可针刺人中、涌泉、中冲等穴，并应迅速送往医院进行抢救。

3. 中暑的预防

有效预防中暑发生的措施有：第一，准备清凉消暑或低糖含盐饮料，并准备急救药品，发现中暑症状，立即停止运动，及时处理；第二，高温炎热季节运动时，应当减少运动量和运动时间；第三，夏天在室外锻炼时，应戴白帽，穿浅色、宽松、通风性能好的运动服。

（八）昏厥

1. 昏厥的原因及症状

长时间站立或过久下蹲后骤然起立，使脑部缺血，容易引起昏厥。跑动后立即停止，由于下肢血管失去肌肉收缩的挤压作用，加上血液本身的重力关系，大量血液积聚在下肢舒张的血管中，造成回心血量减少，因而心排血量减少，使脑部突然缺血，而发生晕厥。这种昏厥也称为"重力性休克"。神经类型欠稳定的人，一旦受惊、恐惧、悲伤，或者看到别人出血，都可反射地引起广泛的小血管急性扩张，血压下降，从而导致脑部血液供应不足而发生血管抑制性昏厥。

昏厥的症状：昏厥前，病人面色发白，头昏眼花，全身软弱无力；昏厥时失去知觉，突然昏倒；昏倒后，面色苍白、手足发凉、出冷汗、脉搏慢而弱、血压下降、呼吸缓慢。经过短时间的平卧休息，脑缺血消除，知觉迅速恢复，但精神不佳，仍有头昏，全身无力的感觉。

2. 昏厥的恢复

让病人平卧，头部稍放低，松解衣领，注意保暖。用毛巾擦脸，自小腿向大腿做重推摩和揉捏。病人没有苏醒，则用指针掐人中穴。禁止给任何饮料饮用或服药。如呼吸停止，应立即进行人工呼吸，醒后可给以热饮料，注意休息。急救同时，应该尽快联系医生。

3. 昏厥的预防

可以有效预防昏厥发生的措施有：第一，当有昏厥的前期症状时应立即平卧，或由同伴扶着走一段路，可使症状减轻或消失；第二，坚持锻炼，增强体质；第三，久蹲后要慢慢站立起来；第四，跑后不要立即站立不动，应继续慢跑并做深呼吸。

（九）休克

1. 休克的原因及症状

（1）休克的原因：导致休克的原因有三个方面：一是运动量过大；二是身体生理状态不佳；三是肝脾破裂大出血、骨折和关节脱位的剧烈疼痛。

（2）休克的症状：早期常有烦躁不安、呻吟、表情紧张、脉搏稍快、呼吸表浅而急促等症状。发作期，表现为精神萎靡不振、面色苍白、口渴、畏寒、头晕、出冷汗、四肢发冷、脉速无力，血压和体温下降。严重者出现昏迷。

2. 休克的恢复

使患者安静平卧于床上，并注意保暖。可给服热开水及饮料，针刺或点人中、足三里、合谷等穴。由骨折等外伤的剧痛而引起的休克，应给予镇痛剂止痛。急救的同时，应立即送医院。

3. 休克的预防

有效预防休克发生的措施有：第一，对有可能发生休克的健身者，要采取相应的预防措施。例如，活动性大出血者要确切止血；骨折部位要稳妥固定；软组织损伤应予包扎，防止污染；等等。第二，对严重感染的病人，要采用敏感抗生素，静脉滴注，积极清除原发病灶，以免发生感染。第三，充分做好危重患者的术前准备。

第三节　城市社区居民健身运动的科学医务监督

一、居民健身中运动疲劳的科学恢复

（一）运动疲劳的概念

疲劳是人体正常的反应，它在身体受到一定的运动负荷时产生，是一种机体出现暂时性的机能下降的现象。当疲劳出现后，经过适当的时间休息和调整可恢复。从某种意义上讲，生命是生物能量存在的一种形式，是能量积聚、转换和耗散的一种过程。不论参与到何种健身运动之中，都会消耗人体内的能量，即便是在睡眠时也会有一定的能量消耗以维持最基础的生命活动，而活动越激烈，消耗能量的速度就越快，表现为活动效率在持续一定时间后都会出现下降现象，这就是机体疲劳的表现。

（二）运动疲劳产生的原因

1. 身体素质与运动能力降低

人体的身体素质和运动能力在很大程度上受到身体各器官、系统功能的影响。所谓的身体素质，就是人体各器官、系统的功能在肌肉工作中的综合反映。如果人体各器官功能下降，就一定会对运动能力与身体素质产生相关的影响和作用。

2. 体内能源储备的减少

一般而言，在健身运动过程中，人们出现疲劳时，其机体内的能源物质就会消耗得较多。举例来说明，当进行快速性运动2～3分钟至非常疲劳时，就会导致肌肉内的磷酸肌酸降低至接近最低点。但如果是长时间持续地进行健身运动，就会使体内的糖类及其产生的能量呈现大幅度下降。由此可以看出，能源储备的消耗与减少，会引起各器官功能的降低。另外，肌肉活动时代谢产物的堆积及水、盐代谢变化等也在一定程度上导致了运动能力的降低,从而导致机体出现运动性疲劳。[①]

3. 精神意志的低迷

如果身体产生疲劳之后,在精神上往往也会出现相应的疲劳感觉。但人的运动都是在神经系统的指挥下实现的,如果人的精神产生疲劳,那么就会使人体各器官、系统的疲劳程度加重。由此可以看出,精神意志方面对运动性疲劳有很大的影响和作用。其实,当人体感觉已经很疲劳时,并没有真正达到人体运动的极限,这往往是一种假象,还有一定的能源物质供给运动需求。因此,为了能够提高人体运动的耐久力,延迟运动性疲劳的发生,应该建立起良好的精神意志,全身心投入,以此来对机体潜力进行很好的动员,提高锻炼效果。

(三) 运动疲劳的判断

居民健身运动中,为了更及时地洞察疲劳的出现,以便采取最佳的措施对待,就需要对疲劳进行准确的判断。其中,较为常见的判断运动疲劳的方法主要有以下两种。

1. 观察法

指健身指导员所采用的观察健身者在健身过程中是否有疲劳表现的方法,其通过观察健身者在运动中的外在表现,如是否出现脸色苍白、反应迟缓、情绪改变等现象。在运动状态上还可以观察健身者技术动作是否出现了做不到位、动作衔接脱节等情况。当出现上述情况时,则可判断其出现了运动疲劳。

2. 感觉法

在健身期间,最了解自身情况的是健身者本身,依靠他们的主观感觉判断疲劳产生的准确率较高。当健身者自我感觉疲乏、心悸、头痛、恶心、四肢无力等,则几乎可以被判定为属于运动疲劳。

一般来说,运动疲劳,往往最先表现为心理上的疲劳,其实身体还

[①] 姚智. 全民健身与全民健康深度融合研究 [M]. 北京:中国纺织出版社, 2022.

没有真正疲劳,可以再坚持一段时间,表现为自我感觉到疲倦或者疲惫,主观上要求休息。当健身者自我感觉到有运动积极性下降、呼吸紊乱、口干舌燥、心悸、恶心、头部昏沉、动作迟钝、脚步沉重等症状时,说明已处于疲劳状态。一般来说,运动疲劳症状自我判断可参考如下:

(1) 精神症状:脑子不清醒,头昏眼花;厌于思考问题;不爱动,不爱说话;精神涣散,呆滞迟钝;对事情不积极;做事没信心,出错;对事情放心不下,事事操心;敏感固执、孤僻、沮丧、缺乏兴趣;记忆力减退;厌烦运动;睡眠不好;等等。

(2) 躯体症状:头沉,头痛;全身懒倦;身体无力、疼痛或抽筋;肩膀发酸;呼吸困难、气短,腿无力;没有唾液、口发干;打哈欠;出冷汗;动作不协调、不精确;心悸;呼吸紊乱;等等。

(3) 神经感觉:眼睛疲劳、眼冒金星、眼无神;眼睛发涩、发干;动作不灵活、出错;腿脚发软,脚步不稳;味觉改变;听觉迟钝,耳鸣;手脚发颤;不能安静;恶心;食欲不振;等等。

居民健身运动过程中,健身者可根据自觉症状的多少判断疲劳的性质和程度,一般来说,上述的症状表现越多,疲劳程度越深。一旦出现疲劳,应及时调整运动计划和内容。

(四) 运动疲劳的科学恢复方法

要想尽快地消除疲劳,恢复健身者的身体机能和运动能力,就需要采取一些科学的恢复措施和方法。

1. 劳逸结合

劳逸结合可有效消除居民健身运动中的运动性疲劳。结合健身者的运动状况,劳逸结合应重视以下几点。

(1) 做好热身和整理活动。健身运动前,做好热身准备可以充分发挥健身者的机体适应能力,提高健身者身体各项运动能力对负荷的适应和机体活力,可有效延缓运动疲劳的产生。健身运动后,做好放松与整理活动。放松与整理活动是消除居民健身中疲劳、促进体力恢复的一种有效的主动恢复手段。健身运动后的放松与整理活动能够使呼吸系统、神经系统、心血管系统和内分泌系统等从适应运动的状态慢慢地恢复到安静状态。健身者可以通过慢跑和呼吸体操消除疲劳，或在健身运动后通过做肌肉、韧带拉伸等放松练习来消除运动疲劳。

(2) 积极性休息。主要是指活动性休息，它是消除运动性疲劳的有效方法之一，这种方法能够有效促进全身血液循环，加速乳酸的消除的目的。在健身者日常健身运动中，主要可进行散步、变换活动部位等形式的轻微运动进行。

(3) 增加睡眠。良好的睡眠可有效消除疲劳，一般而言，人体在睡眠状态下，各器官、系统活动会下降到最低水平，这时，机体的物质代谢减弱，能量消耗也维持在最低水平，合成代谢有所加强，可使机体消耗的能源物质逐渐得到恢复。

在健身运动后，保证良好而充足的睡眠是使身体得到恢复的重要措施。充足的睡眠可以有效缓解运动性疲劳。健身者必须遵守一定的作息制度，从而保证睡眠的时间和质量，并讲究睡眠卫生。[①]

2. 补充营养

一般来讲，营养物质的消耗会导致疲劳产生，那么适当补充营养物质自然可以减缓和预防运动性疲劳，并促进疲劳的恢复。健身者健康体质的养成以及运动水平的提高，适当补充营养是必不可少的。

进行合理的营养补充能够使机体消除疲劳并恢复到最佳生理状态。在日常的健身运动过程中，健身者可结合自身情况适当补充营养，以此来补充机体生理活动所消耗的物质，并且修复体内结构受损以及消除疲劳。通常，健身者需要及时补充的物质包括糖、蛋白质、矿物质以及各类维生素。

3. 物理疗法

采用一些物理疗法和中医治疗措施能有效缓解健身者在居民健身运

---

① 吴限红. 健身性健美操可持续发展研究 [M]. 长春：吉林人民出版社，2017.

动中的运动性疲劳,虽然健身者不能全面掌握这些知识,但是通过简单的按摩或者求助医师,都可以实现运动性疲劳的恢复。常见的物理疗法有以下几种。

(1) 温水浴是非常有效的疲劳消除方法。在进行温水浴时要注意水温的适当,具体来说通常水温应以 40℃左右为宜,温度不宜过高,时间为 10 分钟左右。

(2) 按摩是健身后疲劳消除的很好方法。用推拿按摩消除健身运动中的疲劳是经济简便的,既不需要特殊医疗设备,又可以避免时间、地点和气候等因素带来的限制,随时随地都可实施。常见的按摩的方法主要有人工按摩、机械按摩、水力按摩以及气压按摩等,健身者可结合自身经济条件进行选择。按摩的手法要以揉捏为主,并且交替使用按压、叩击等手法。以消除疲劳为目的的按摩要在健身运动后方可进行,按摩时间根据疲劳程度通常设定在 30~60 分钟之间。健身运动后,健身者可根据自身感觉等情况进行局部或全身按摩,并对按摩的时间、深度、力度等方面加以适当的调整。

(3) 拔罐是一种中医疗法,主要是针对健身后局部严重疲劳并伴有损伤的局部性疲劳的恢复。拔罐法的原理是:在拔罐时,身体的局部负压作用能够使组织内的瘀血散于体表,使组织代谢产物的排泄更加顺畅,从而可以有效消除疲劳。

(4) 理疗主要包括光疗、蜡疗、电疗等,运用这些方法能够对身体局部或全身的疲劳肌肉的代谢过程有非常好的促进作用。同时促进血液循环、改善血液供应,有利于营养物质的吸收,促进代谢产物的排泄,从而达到消除疲劳的目的。

(5) 针灸主要是针对不同的疲劳程度进行的治疗,在相应的疲劳位置进行相应的针灸方法是非常有效的。对于肌肉疲劳可采用穴位针刺的方法。消除全身疲劳,则主要采取针扎强壮穴足三里的方法。局部疲劳的消除则可采取配合间动电电针消除疲劳的方法。

(6) 吸氧及空气负离子疗法:吸氧能够促进新陈代谢,改善体内的微循环，有助于消除疲劳。对于健身者来说，健身运动后可采用高压氧治疗，对消除疲劳有明显的效果。空气负离子能改善肺的换气功能，增加氧吸收量和二氧化碳排出量，改善大脑机能，刺激造血机能，使红细胞、血红蛋白、血小板增加，血流速度加快，心搏输出量加大，扩张毛细血管，加速乳酸的代谢，消除疲劳。

4. 音乐疗法

音乐是有规律的声音波动，可对人体（尤其是神经系统）产生刺激，从而影响人的心理活动，因此健身者可以通过听音乐的方法来消除机体疲劳。在长时间的健身运动后，舒缓的音乐可以帮助中枢神经系统的疲劳得到极大的缓解，同时还能够调节循环、呼吸系统和肌肉的功能。

5. 心理调节

可以通过运用心理学知识对大脑皮层的机能进行调节和消除机体疲劳。从心理学角度说，消除疲劳只要环境温暖、舒适、安静，没有直射的阳光即可，受到的限制很小。具体来说，采用心理调节是通过一系列引导词来帮助健身者做一些适当的放松练习，练习时间以持续20~30分钟为宜。具体方法有：①表象和冥想。每天睡前、醒后都像过电影一样。②自我积极暗示。健身者在居民健身运动中产生疲劳后可以自己对自己默念"自己没问题""还可以更好""不能放弃"等语言。在进行心理调节过程中配上舒缓的音乐则效果更佳。

二、居民健身运动的自我监督

在居民健身运动的过程中，为了保证良好的健身效果，需要健身者经常进行自我监督，从而适当调整健身中的运动负荷和运动量等。具体来说，就要求健身者运用自我观察与检查的方法来对其健身计划和处方进行适当的调整。科学地自我监督，能够提高健身运动的效果，促进良好健身习惯的养成。具体而言，健身者的自我监督包括两个方面，即客观检查和主观感觉，具体分析如下。

（一）客观检查

居民健身运动过程中，健身者通过客观检查进行自我监督，主要是对健身者的体重、脉搏以及健身成效进行检查。

1. 体重

健康成人的体重是相对稳定的，系统的健身运动期间，体重变化呈现以下三个特点。

（1）第一阶段：经过一段时间，因失去过多的水分和脂肪体重有逐渐下降的趋势，一般下降2~3千克。持续下降3~4周。

（2）第二阶段：体重处于稳定时期。健身运动后体重减轻，但在1~2天内得到完全恢复。这个阶段持续5~6周以上。

（3）第三阶段：长期坚持健身运动会使肌肉等组织逐渐发达，体重有所增加，并保持在一定的水平上。如果体重减轻了2~3千克以上，则可能是运动量太大。如果减少运动量，体重仍不回升，应去医院检查。

2. 脉搏

正常人的脉搏和心跳是一致的。脉搏的频率与很多因素有关，较为主要的有年龄、性别、运动、情绪、休息和睡眠等。

3. 健身成效

进行科学系统的健身运动后，其健身成效能够逐渐提高，并保持在较高的水平上。从运动医学的角度来看，健身成效长期不提高或下降，在一定程度上能够将身体机能状况不良的问题反映出来。

（二）主观感觉

在居民健身运动中，健身者通过主观感觉来进行自我监督，涉及的内容主要有食欲、睡眠、运动心情以及精神状态。

1. 食欲

健康的人应该有良好的食欲。在参加居民健身运动的过程中，健身者会消耗较多的能量，因此应该有比较好的食欲。倘若在正常进食时间内，有食欲减退的现象出现，就说明其身体健康状况出了问题或健身过程中运动过度，这时就要对健身计划进行合理的调整。在对自己的食欲状况进行记录时，可填写食欲良好、一般、不好、厌食等。

2. 睡眠

如果健身者在参加完健身运动之后，经常会感到睡眠质量不高，夜间多梦，失眠，睡眠不深及醒后四肢无力等，就表明其健身时的运动负荷不合理或运动量过大。经常参加健身运动的人，睡眠应该是良好的。在对个人的睡眠质量进行记录时，具体记录的内容应包括睡眠时间、睡眠状况等，具体的等级可分为良好、一般、不好。

3. 精神状态

通常情况下，精神状态包括两个方面：正常感觉和不良感觉。前者主要表现在健身运动后疲劳消除较快，功能恢复较快，精神饱满，全身无不适感；后者主要表现在健身运动后四肢无力、肌肉酸痛、关节疼痛、头痛、恶心、上腹部疼痛等，这多是身体状况不良或运动量过大的表现。

对自己的精神状态进行主观感觉之后要做出相对应的记录，根据精神饱满、精神状态一般和精神不振等现象分别记录为良好、一般、不好。

4. 运动心情

通常可以将运动心情分为渴望锻炼、愿意锻炼、不愿意锻炼，其能够将有无运动欲望反映出来。如有参与健身运动的欲望，则表明身体的机能状况良好。如果健康状况不佳或过度运动时，就会出现心情不佳、厌烦等情绪。

参考文献

[1]边静.全民健身背景下城市社区体育服务体系构建研究[J].当代体育科技,2023(33):92-94.

[2]陈佳.全民健身服务体系构建的研究[J].科教导刊(电子版),2019(34):250.

[3]冯晓梁.健康中国视域下的社区体育发展模式研究[J].拳击与格斗,2021(8):4.

[4]高宇宏.居住区景观性健身设施探索与研究[M].北京:中国建材工业出版社,2019.

[5]葛书林.融合居民健身的养老服务体系研究[M].西安:西安交通大学出版社,2017.

[6]龚莹莹.居民健身服务体系研究[M].北京:九州出版社,2018.

[7]顾慧亚,王晓军.全民健身路径与公共体育服务体系建设研究[M].北京:九州出版社,2018.

[8]胡俊,杨绍昌.全民健身视域下社区公共体育服务评价体系的构建与完善研究[J].运动,2018(14):126-127.

[9]贾洪淳,何松博,李丹.全民健身服务体系的构建与创新[M].长春:吉林大学出版社,2016.

[10]李显国,刘超.社区居民科学健身理论与实践[M].合肥:安徽人民出版社,2018.

[11]李晓红.社区体育文化与社区健身[M].北京:中国纺织出版社,2017.

[12]马蕊,贾必成,贾志强.社区全民健身公共服务供给治理研究[J].体育学研究,2019(3):83-89.

[13]潘丽英.居民健身服务体系构建与运动方法研究[M].北京:新华出版社,2018.

[14]史仍飞,袁海平.运动健身与营养[M].北京:北京体育大学出版社,2015.

[15]司玉灿,蒲石,段小敏.居民健身知识[M].西安:陕西科学技术出版社,2016.

[16]宋爱娴.健康中国:全民健身的行为经济学研究[M].天津:天津科学技术出版社,2022.

[17]谭宪望.高校体育资源与全民健身服务体系的构建研究[M].北京:中国广播影视出版社,2016.

[18]汤怡欣,李峰.标准化视域下城市社区体育服务体系构建研究[J].文体用品与科技,2023(1):16—19.

[19]王峰.我国老年人体育服务与健身研究[M].长春:吉林人民出版社,2020.

[20]王玮.群众健身理论探索与我国民间体育的传承发展研究[M].长春:吉林人民出版社,2017.

[21]谢正阳.全民健身公共服务体系研究:来自苏南地区的创新实践[M].苏州:苏州大学出版社,2018.

[22]杨元英.社区体育与健身产业[M].北京:九州出版社,2017.

[23]叶心明,马文领.营养与健康促进[M].上海:华东理工大学出版社,2021.

[24]于然.我国全民健身服务体系的构建策略[J].文体用品与科技,2020(13):19—20.

[25]张曙林.天津社区科学健身服务体系构建与价值研究[J].科技智囊,2021(4):65—70.

[26]赵芳,童绍刚,谢春生.居民健身战略与社区体育发展研究[M].长春:吉林大学出版社,2018.

[27]赵双成.市民健康生活处方[M].上海:上海交通大学出版社,2021.

[28]周波文.城市广场休闲体育文化服务体系的构建研究[J].襄阳职业技术学院学报,2015(4):41—44.